对话家长

金唯 主编

幼儿教师一定要知道的事

Things that Preschool Teachers Have to Know

上海社会科学院出版社
SHANGHAI ACADEMY OF SOCIAL SCIENCES PRESS

编委会

项目顾问 郁琴芳 马皓晶

主　　编 金 唯

参与编写者（按姓氏笔画排序）

　　　　　史 蓉　刘晶莹　李娇娇

　　　　　胡 铖　顾 莹　崔 莹

导 言

当今时代,全社会对家庭教育越来越重视,对幼儿教师进行家长工作指导已经刻不容缓。本书是幼儿教师家长工作的便携式行动指南。

本书以幼儿园一线教师和研究者的实践经验为基础,利用图表、案例等形式呈现家长工作的整体脉络,细述指导与服务共融的线上线下家长工作,内容全面系统案例生动、易于理解;还展现了幼儿教师梳理、总结家长工作实践经验并将其提升至课题理论研究的专业发展历程;还提炼出做好家长工作的"学、做、思"的特别之"术",轻松破解新手教师家长工作中的诸多难题。

《对话家长:幼儿教师一定要知道的事》传达了这样的理念:家园沟通,表是沟通,里是做事,一个幼儿教师的沟通理念和工作能力才是沟通的核心。愿无论是刚入职的新手教师,还是想全方位了解家长工作的成熟教师,都能从本书中汲取营养。

目录

导言 …………………………………………………………… (1)

第一章 全面认识幼儿园家长工作 ………………………… (1)
  一、幼儿园家长工作的目的和定义 ………………………… (1)
  二、幼儿园家长工作的内容和形式 ………………………… (2)
  三、幼儿园家长工作的基本原则 …………………………… (3)

第二章 新时代幼儿园家长工作对教师的挑战 …………… (5)
  一、幼儿园家长工作的背景与价值 ………………………… (5)
  二、教师在家长工作中存在的问题 ………………………… (6)
  三、教师面临的家长工作的挑战和机遇 …………………… (7)

第三章 线上线下活动中指导与服务共融 ………………… (9)
  第一节 多平台的线下指导 ………………………………… (9)
    一、家长访谈 ……………………………………………… (9)
    二、家长会 ………………………………………………… (18)
    三、家长开放日 …………………………………………… (25)
    四、亲子活动 ……………………………………………… (30)
    五、家长学校 ……………………………………………… (40)
  第二节 多媒介的线上指导 ………………………………… (49)
    一、网上互动 ……………………………………………… (49)

二、线上指导 ……………………………………………… (57)

第四章　日常互动沟通中指导与关怀并重 ……………… (63)
　　一、日常互动沟通的重要性 ……………………………… (63)
　　二、日常沟通的基本原则 ………………………………… (64)
　　三、日常工作中的家长沟通技巧 ………………………… (65)
　　四、特殊事件的家长沟通技巧 …………………………… (66)
　　五、家长沟通技巧小贴士 ………………………………… (68)

第五章　家长工作开展中的反思与总结跟进 …………… (69)
　第一节　家长工作的文案撰写 …………………………… (69)
　　一、家长工作文案撰写的必要性 ………………………… (69)
　　二、家长工作计划与小结 ………………………………… (70)
　　三、家庭教育指导案例的撰写 …………………………… (71)
　　四、家庭教育课题研究 …………………………………… (75)
　第二节　家长工作的监测与评价 ………………………… (81)
　　一、家长工作监测与评价的意义 ………………………… (81)
　　二、家长工作监测与评价的形式 ………………………… (82)
　　三、家长工作监测与评价具体操作及工具 ……………… (82)

附录一　教师家长工作"学、做、思"的特别之"术" ……… (91)

附录二　不同对象家访内容参考表 ……………………… (101)

附录三　孩子刚上小班,我该怎么办
　　　　——新、老生家长的问题互动与经验分享 ………… (103)

附录四　家长开放日活动方案 …………………………… (106)

附录五　大×班家长半日开放活动观摩表(2016年第一学期) ………………………………………………(108)

附录六　幼儿园亲子活动现状调查问卷(家长卷) …………(110)

附录七　亲子运动会活动方案 ………………………………(112)

附录八　荷露幼儿园重大活动安全预案 ……………………(114)

附录九　"欢欢喜喜闹元宵"2021荷露幼儿园线上亲子课堂家长调查问卷 ………………………………………(117)

附录十　2021年度第一学期大×班家长工作计划与总结 …(119)

附录十一　家教指导案例:"孤独边缘"幼儿的成长点滴 ……(125)

第一章　全面认识幼儿园家长工作

著名教育家蔡元培先生说过:"家庭者,人生最初之学校也。"家庭是幼儿出生后所经历的第一所学校,让幼儿在和谐、温暖、规范的家庭环境里健康成长,对孩子的个性发展、智力开发和思想品德的形成都具有重要的影响。在幼儿教育过程中,家庭是幼儿园的重要合作伙伴,家长工作是幼儿园教育和家庭教育之间沟通的桥梁,因此,了解幼儿园家长是做好家长工作的基础。

一、幼儿园家长工作的目的和定义

《上海市0—18岁家庭教育指导内容大纲(试行)》明确指出,学校家庭教育指导的任务,即帮助家长更新教育观念,树立正确的育人观;传授家庭教育的基本知识,指导家长掌握科学育儿的方法;交流和推广家庭教育的成功经验,提高家长育儿能力。

幼儿园家长工作要以人的发展为本,遵循幼儿身心发展的规律、家庭教育指导工作规律,满足家长自身的需求和社会发展的要求;幼儿园应进行整体规划、全面实施;增强家庭、学校、社会共同参与的意识,形成育人合力,使之成为一项社会系统工程。

幼儿园家长工作是幼儿园教师日常工作的重要组成部分。开展家长工作,是为了帮助家长了解幼儿园工作,正确认识学前教育,转变教育观念,提升家庭教育能力,实现家庭、幼儿园教育的一致性。家园配合、同步教育是幼儿园家长工作的出发点和归宿。

二、幼儿园家长工作的内容和形式

幼儿园家长工作的内容主要包括：了解幼儿的家庭情况及幼儿在家的表现；向家长介绍幼儿园的教育情况，取得家长的支持；帮助家长改进家庭教育，及时发现和总结家庭教育的经验，加以推广；了解家庭教育的困难与问题，采取各种形式与家长共同研究解决；吸收家长参加幼儿园的管理工作，经常听取家长意见，欢迎家长参加幼儿园的建设和课程实践的指导工作等。

（一）日常性的家长工作

日常性家长工作是最普遍、最经常的家长工作形式。通常是教师与家长之间的个别联系，是班级保教工作的重要组成部分。形式有：

1. 来离园沟通：利用早晚家长接送幼儿的短暂时间与家长接触，了解和介绍幼儿情况，相互沟通，提出建议等。

2. 网络互动沟通：利用微信、QQ等沟通软件，随时与家长取得联系，个别交换意见，互通情况信息。

3. 家长园地宣传：通过家长园地向家长介绍幼儿园和班级活动及教育计划，结合各月重点并针对家教中存在的普遍性问题向家长宣传科学知识、指导方法，开展家庭亲子游戏活动的建议，介绍家教经验等，还可随时通知必要事宜。

（二）阶段性家长工作

阶段性家长工作通常是全园性的，需要有计划地安排和进行。主要有以下形式：

1. 家访

包括全班家访和个别家访。全班家访一般是新生入园前，教师有计划地对幼儿进行家访，了解幼儿家庭环境与家庭教育状况，密切教师与家长之间的联系并在教育方法等方面给予具体建议和帮助。个别家访是对有特殊需要的幼儿，针对其个人情况，在某一时间对幼儿进行家访，及时沟通、关心幼儿现状，解决幼儿的实际问题。

2. 家长会

在学期初、末,或根据需要和计划召开家长会,报告园或班级工作情况,提出一般性教育要求,回答家长关心的问题,有针对性地征求家长意见或使家长了解园、班面临的实际问题与困难,取得家长的协作与帮助。

3. 家长开放日

幼儿园可以在节假日或定期举行开放日活动,请家长来园、班,观看或参加活动。使家长了解幼儿园教育内容方法,直接看到幼儿在园表现,了解教师工作情况等。

4. 讲座沙龙

聚焦某一话题和某一主题,以讲座或沙龙的形式组织家长聆听、互动和交流,提升家长的家庭教育理念。

(三)家长参与活动

家长参与活动就是让家长参与园内的教育教学活动,包括全体家长参与的活动和部分家长参与的活动。全体家长参与的活动一般以亲子大活动为主,比如亲子运动会、春秋游等活动。部分家长参与的活动,往往是请家长就自己的专长、在某一特定时间协助幼儿园完成相应工作,从而增加了幼儿园的人力资源。家长参与的重要目的在于家园协作,形成教育合力,促进幼儿成长,协助幼儿园做好各项工作。

三、幼儿园家长工作的基本原则

(一)尊重家长的原则

尊重家长是做好家长工作的前提。对不同社会地位、不同职业、不同经济条件的家长要一视同仁,同样尊重。家长对自己孩子在行为、个性、习惯等方面的观察和了解要比教师详细得多、深刻得多,对孩子的期望比教师要高得多。如果教师能够虚心倾听家长的建议,就可以提高我们的教育效果。幼儿园还要维护家长的威信,切忌在孩子面前议论家长之短或变相地训斥家长等。教师只有真诚地尊重家长,家长才会乐于接受幼儿园的教育宣传,才能积极地配合改进家庭教育。

（二）要求适度的原则

由于家长的文化教养、职业状况、精神面貌和生活方式各有差异,所以教师应帮助家长与幼儿园教育保持协调一致,使家长更好地履行父母的职责,发挥应有的作用,促进儿童的发展,增进家庭的幸福。幼儿园对家长提出的要求应当切合实际,是家长能力和物力所能达到的,不能苛求;同时,要体谅家长的困难,在解除后顾之忧方面尽力给予帮助,以加深彼此之间的融洽感情。

（三）双向反馈的原则

幼儿园在开展家长工作时,既要向家长输出科学育儿的信息,也要努力收集家长反映的信息,对来自家长的反馈,无论是积极的或消极的,都要认真分析处理。加强幼儿园教育与家庭教育的相互促进、相互制约,共同保证幼儿的身心健康发展。

第二章　新时代幼儿园家长工作对教师的挑战

随着社会的不断发展，国民素质的整体提高，家长的育儿观念发生了诸多转变。在信息发达的当今社会，家长能够接收到大量育儿资讯，对教师的权威不再盲目认同，不再甘于被动接受来自教师的教导。出于对自己孩子的保护，家长越来越勇于对教师的教育观点和教育行为提出质疑或建议，这无疑对新时代幼儿教师的家长工作及威信带来挑战。

一、幼儿园家长工作的背景与价值

（一）国家的高度重视

习近平总书记在全国教育大会上指出，"办好教育事业，家庭、学校、政府、社会都有责任。家庭是人生的第一所学校，家长是孩子的第一任老师，要给孩子讲好'人生第一课'，帮助扣好人生第一粒扣子。"全国人大代表、中国教育学会副会长周洪宇在全国两会中提出"关于加快制定《家庭教育法》议案"，他说："对于孩子的成长而言，家庭教育的作用是潜移默化的，是最早的、最基础的、也是最重要的。"同时，在2019年两会中民进中央提交了一份《关于进一步促进家庭教育发展的提案》，可见，全社会各级各类领导都关注到了家庭教育的重要性，全社会对家庭教育越来越重视，这也表明了学校、教师，尤其是教师做好家长工作，促进教育发展的必要性，对教师进行幼儿园家长工作指导已经刻不容缓。

（二）纲要的政策引领

《幼儿园教育指导纲要（试行）》指出：家庭是幼儿园重要的合作

伙伴,应本着尊重、平等、合作的原则,争取家长的理解、支持和主动参与,并积极支持和帮助家长提高教育能力。《关于幼儿教育改革与发展的指导意见》指出:幼儿园要与家庭、社区密切合作。面向家长开展各种形式的早期教育宣传、指导等服务,促进幼儿家庭教育质量的不断提高。同时《3—6岁儿童学习与发展指南》也提出:"指导幼儿园和家庭实施科学的保育和教育,促进幼儿身心全面和谐发展。"上述文件的规范对象不仅仅是幼儿园,还将家庭纳入其中,可见家庭教育在幼儿教育中的重要地位,这也进一步引领了幼儿园开展家庭教育指导,尤其是对新入职的教师进行家长工作指导。

二、教师在家长工作中存在的问题

(一)教师的岗位适应慢

教师在入职初期面临从学生向教师的角色转换和岗位适应。一方面,教师想把所有工作都做好的主观愿望与工作经验欠缺的现实差距,令教师面对家长时显得底气不足;另一方面,以前单纯的学习生活和目前繁杂的工作事务之间的差异,令教师面对千头万绪的工作,尤其是家长工作时感到紧张。同时,教师入职初期往往较多关注面对孩子的常规工作,往往忽视了面对家长的应对之策,这更使教师面对家长工作时产生无从下手的感觉。

(二)教师缺乏沟通技巧

许多青年教师在做家长工作时,不注意方式、方法,不区分家长的特点类型,态度直率、表达直白,使部分家长感觉"下不了台"或"难以接受"。这样,不但起不到沟通的作用,反而会造成不必要的误会,甚至造成以后的交流障碍。

(三)教师与家长面对面交流少

在信息时代,人与人之间沟通的媒介越来越多元,微信、QQ、家园互动线上APP等网络媒介让家长不进校门、不面对老师就可以交流与沟通。教师与家长的沟通越来越多地从线下转为了线上,教师为方便省事或避免当面沟通的尴尬,更愿意选择线上沟通,这也使教师与家长面对面的机会减少。网络媒介的互动沟通有其便利之处，但也会因词语表达不当或家长与教师对书面词语的不同解读，而带来沟通上的误解。而人与人之间的情感连接是需要直接接触的，虚拟空间的对话往往难以建立起家长对教师的信任。

三、教师面临的家长工作的挑战和机遇

（一）来自家长的挑战

1. 家长对孩子的关注度和维权意识增强

由于通信沟通方式的便捷，家长可以通过手机、互联网与教师在微信、QQ、学校专用通信平台上随时随地沟通，且通过照片、视频更直观地获取孩子在幼儿园的第一手信息，这使家长对孩子的关注愿望更强烈，信息技术的飞速发展也推动了家长对孩子的关注。同时，家长受到社会大环境的影响，会利用各种渠道和手段来维护自己和孩子权利，比如利用新闻媒体和法律手段来解决问题。

2. 社会的舆论导向使家长对幼儿园和教师的信任不足

在信息高度发达的今天，新闻媒体对事件的公开和曝光率越来越高。然而新闻媒体往往选择易引起公众关注的事件进行报道，而这类事件又以不良的负面事件居多，家长通过网络、新闻媒体了解到有关幼儿园或幼儿教师的负面新闻，社会大众的言论可能使得事件报道后片面的、偏激的言论充斥在网络中，家长接收到各类有关幼儿园和教师的负面新闻和评价，这也影响了家长对幼儿园和幼儿教师的信任度。

（二）来自教师的挑战

1. 90后教师以自我为中心的性格特征成为家长工作的挑战

如今的教师年龄结构已经向90后倾斜，90后的教师个性比较自我，对他人的感受和需求考虑不足。这也使他们在处理家长工作时难以站在家长的立场和角度来理解问题，缺乏换位思考的意识和能力，给家长工作带来障碍。

2. 家长的个性化教育理念对教师的专业、权威形成挑战

现在的家长会从网络、书籍中获取各类幼儿教育理念，同时，家长的学历水平越来越高，高学历的家长在修得学历的同时也获得了对于教育的新的认识，家长有其自己的教育理念，家长的个性化教育理念对教师的专业、权威构成了挑战。

（三）教师家长工作的机遇

1. 家长对子女教育的关注和参与有助于提升家教质量

家长对孩子教育的高度关注，使他们更积极地参与到幼儿园的各类活动中，家长在幼儿教育中的参与度也随之提高，家长对幼儿的重视是提升家庭教育质量的基础，这也是教师有效开展家长工作的前提。

2. 对教师专业化的挑战有助于教师的专业成长

由于在家长工作中，教师所面对的家长有自己对教育的认知和想法，他们未必认同幼儿园或教师的教育建议，这就需要教师为家长提供更具专业性的教育理念，用专业性来获得家长的认可和信任，这也推动了教师自身的专业成长，不断更新教育理念、扎实专业素养，以应对家长工作中家长提出的各类问题。

第三章 线上线下活动中指导与服务共融

第一节 多平台的线下指导

一、家长访谈

（一）家长访谈的定义和目的

家长访谈主要是指教师和家长就幼儿个性发展、行为习惯等问题进行的点对点相互沟通与影响，是对幼儿进行针对性教育，也是教师通过个人素养的展现赢得家长信任和建立情感的途径。

家长访谈的目的是深入了解幼儿在家园不同生活环境中的表现。通过与家长的交流，教师能为家长提供适合于幼儿自身发展的建议，有助于幼儿形成富有个性的健康人格。同时，有助于家长对幼儿园工作的理解、配合及参与，家长明确自身责任后，能自觉得对幼儿园各项工作予以配合。

（二）家长访谈的类型

家长访谈根据访问的形式一般分为家访、电访、约谈。除了这三种访谈之外，还可以根据幼儿实际情况酌情与家长进行随机的交流，如幼儿来园、离园时，但时间不宜过长。接下来，我们对三种访谈逐一进行说明。

1. 家访

家访是指教师前往幼儿家中与家长进行访谈，目的是对个体幼儿发展进行针对性的沟通。一般有三种情况须上门家访：一是新生入园（含插班生）家访，二是老生家访，三是幼儿出现特殊情况时家访。

（1）家访准备：

① 制订家访计划，明确家访目的。教师应针对不同对象的家访制定相应的家访计划，体现不同的家访目的和内容。（见附录二　不同对象家访内容参考表）

② 预约家访时间，如有时间更改应及时通知对方。

家访准备

❖ **温馨提示**

① 仪表得体，服装不暴露，鞋子穿脱方便。（建议带上鞋套）

② 准备好家访记录表、预设家访谈话内容等。

③ 新生初次家访可准备班级小标识。

④ 家访时注意避开孩子午睡、家庭用餐时间。

（2）家访过程：

① 家访中言行举止体现文明素养（敲门等待、进门问好、坐姿端庄等）。

② 介绍家访的主要目的，了解幼儿的家庭人员结构。

③ 认真倾听，热情回应，做好相应记录。

④ 与家长交换联系方式，认识接送幼儿的人员。

⑤ 提醒家长为幼儿入园做好相应的准备。

> ❖ 温馨提示
> ① 主动与家长、幼儿打招呼。
> ② 不打听对方的家庭隐私,不随意走动。
> ③ 两位教师一同家访时,分工合作,相互配合。
> ④ 如遇家中无人,可留下便签。

(3) 家访结束:
① 离开时,感谢家长的接待,礼貌道别。
② 家访结束后及时做好记录。

[教你说]

- 新生家访

师:您好,我是××幼儿园的××老师,您是××的家长吗?
(建议:不要随意猜测家长身份,让家长自己介绍更合适)
师:我们想了解一下××小朋友的情况,并且和他(她)认识一下。宝宝在家吗?
师:平时是谁带宝宝比较多?能简单地介绍一下宝宝和家里的情况吗?
(建议:可以围绕"新生家访记录表"上幼儿健康情况和生活情况提问)
师:这是我们班级小朋友的标志。这是宝宝的名字,适应活动的时候可以给宝宝戴上,方便我们相互熟悉。
师:平时都是谁接送宝宝呢?
师:能和我们说说家长的情况吗?
师:您对孩子有什么期望吗?能说说您对我们老师的期望吗?
师:来园的时候请带好被子、席子、幼儿的书包(准备好一套换洗的衣裤)等,幼儿的物品上请做好姓名贴的标记,方便幼儿和老师认识。(具体注意事项可以根据各园各班的实际情况。)好,那我们……(时间)见。

新生家访记录表

班级：

姓　　名		昵称		性别		出生年月	
幼儿情况	健康情况	先天性疾病			过敏药物		
		是否患过重大疾病？			禁忌食物		
	生活情况	是否挑食？			午睡时间		
		是否独立吃饭？			晚上睡觉时间		
		是否有尿床习惯？			能否自己穿脱衣裤？		
		是否会主动打招呼？			能否自己如厕？		
		兴趣爱好			喜欢的玩具		
		孩子的特点			对孩子的期望		
		主要教养人			对老师的期望		
家长情况		您是否愿意担任家委会？					
		您能为班级或幼儿园提供哪些帮助与支持？ 网购高手（　）手工制作（　）提供车辆：大巴（　）货车（　） 拍照（　）摄影（　）实践基地（　）其他（　　　）					
		您有哪些才艺可以展示？ 唱歌（　）跳舞（　）主持（　）乐器（　）表演（　） 其他（　　）					
		您有哪些职业优势或专业本领可以走进课堂？ 职业优势： 专业本领：					
家访记录		家访日期			家访对象		

新生家访记录表示例

- 老生家访

师：××家长你好，宝宝在家吗？暑假(寒假)过得怎么样呀？

师：去了哪里玩呢？平时在家中都做些什么呢？

师：再过一段时间就要开学了，我们可以调整宝宝的作息时间，让他(她)更好地适应幼儿园的生活和学习。

师：(针对幼儿个别的情况提出相应的策略和需要家长配合的地方，比如，)宝宝午睡可以在12点左右，和幼儿园的作息时间统一，慢慢地把幼儿的生物钟调节过来。

师：我们开学的时间是……，请带好宝宝的物品，我们开学见了。

老生家访记录表

班级：

姓名	日期	家 访 记 录	备 注

老生家访记录表示例

- 特殊情况家访

师：(传染病、生病)宝宝病情恢复得怎么样了？我们要尽量减少去公共场所哦，减少外出。观察宝宝的身体状况，在饮食上也要注意哦，有什么情况可以及时与我们联系。开好复课证明就可以来上幼儿园了。这是我们班级幼儿的问候。

师：(体弱儿)宝宝在家平时的饮食情况能和我们说说吗？你看这是孩子年龄段的发展指标，我们可以在饮食上做……注意，运动上也可以做一些……

师：(意外伤害)宝宝情况怎么样了？有什么需要的及时和我们联系哦。这两天观察一下宝宝的伤势，这两天在家好好休息哦。

特殊情况家访记录表

班级：

姓名	日期	家 访 记 录	备 注
			（记录特殊情况）

特殊情况家访记录表示例

2. 电访

电访是指教师与家长通过电话方式进行沟通的方法。常用于：① 当天缺勤幼儿，② 发生紧急事件，③ 家长不经常来园接送者。

❖ 温馨提示

① 自我介绍，话语亲切。
② 交代事件，简明扼要。
③ 措辞恰当，避免误会。
④ 电访结束，礼貌道别。

［教你说］

● 当天缺勤幼儿

师：您好，我是××老师，宝宝今天没有来园？是什么原因呢？

（生病）在家里要好好休息哦。

（有事）可以提前一天发消息跟老师请假哦。

● 发生紧急事件

师：您好，宝宝有点不舒服（有热度），需要您带他（她）去医院看一下。

您好，宝宝运动的时候不小心摔了一下，已经做过消毒处理，我们现在准备带他(她)去医院,您可以过来一下吗?您不要着急,过来我们会和您详细说的。

- 家长不经常来园接送者

师:××家长您好,我们想跟你沟通一下宝宝最近的情况……

3. 约谈

约谈是教师根据幼儿在园情况,围绕其发展有计划地预约家长到幼儿园进行一对一的交流。教师可以与家长做坦诚深入、有针对性的交流,从而达成教育共识,最大限度地满足幼儿个性化发展需求。约谈地点通常安排在幼儿园。

约谈

(1) 约谈准备:

① 确定主题:约谈话题可以是幼儿发展中突出的特点或存在的问题,也可以是家长自身的需求。

② 整理要点:重点整理幼儿的日常行为表现(视频或现场),以便与家长交流时有话可讲。

③ 收集策略:围绕幼儿的问题收集解决策略(回顾已有经验、咨询经验教师、查询专业书籍等)。

④ 确定时间:预约双方都合适的交流时间。

❖ 温馨提示

① 与搭班教师做好沟通,保证对幼儿的观察分析、诊断评价是客观、全面、准确的。

② 约谈家庭中对教育幼儿能起到积极作用的家长。

③ 充分了解家长的个性、学历,找到契合点,以便选择适宜的沟通方式。

(2) 约谈过程：
① 先表扬幼儿的优点或进步的方面。
② 描述与幼儿相关的事件本身，不要直接下结论。
③ 抓住问题关键，引起家长重视。
④ 注意倾听家长的意见和看法，给予家长建议与指导。
(3) 约谈结束：
① 做好约谈记录，研制后续跟进策略。
② 对家长约谈中反映的幼儿问题，要进一步观察并给予反馈。
③ 关注家长、幼儿后续行为变化，给予鼓励。

案例　玩具风波
一、背景
实录一：晨谈交流，追查无果
今天运动时，缘瑾的奶奶来对我说："老师，我家缘瑾昨天带来的魔方没有了，这个玩具要100多元，叫他不要带来偏要带来，现在没有了。"我马上对缘瑾奶奶说："你别着急，等一会儿我会和孩子聊聊这件事。"于是晨谈的时候，我和小朋友们聊了起来。小朋友纷纷表示："看见过这个玩具，但没玩过"。这时缘瑾说："我只给老大和老二玩过。"于是，我把这两个小朋友找来问，两个人还是同样表示没有。听到他们的回答，我问了全班的孩子，都得到否定的回答。我很纳闷："魔方玩具哪里去了？之前轩轩玩具也找不到，问过小朋友也都说没看见"。

实录二：案件追踪，水落石出
午间活动时，我又逐个逐个地问小朋友，当问到俊哲时，他对我说："我觉得这个玩具好玩，昨天吃好饭的时候我从缘瑾的柜子里拿出来玩过。"
我追问："你经过缘瑾同意吗？"
"没有。"
"你没有经过别人的同意，随便翻人家的柜子，现在东西没有了，请你想一想,到底有没有借过别人的玩具?"

俊哲说:"我借过,我把玩具放在家里,明天我带来。"

听到他的回答,我还是一怔,之前我问过孩子们许多次,他都没主动承认。我又说:"你没经过别人的同意把玩具带回家,你觉得人家丢玩具的小朋友会怎么样?"

"很着急。"

"那你随便翻人家抽屉,没经过别人的同意把玩具借回去,对吗?"

"不对。"

"那应该怎么做?"

"我给他道歉,明天把玩具带来还给他"。

孩子潜意识下拿玩具,可能就是觉得好玩,我用一个"借"字让孩子愿意主动与我交流。

二、分析

一般家长都会认为孩子说谎是变坏的前兆,说谎是孩子思想道德方面出了问题,其实并不全是这样。说谎也分为无意说谎和有意说谎两种,这就需要教师和家长学会科学看待。

有意说谎一般发生在3岁以后。皮亚杰认为在他律道德阶段(3—7岁),幼儿会自然地按照自己的欲望和想象来歪曲客观现实,只考虑行为的直接结果,不考虑行为的动机,撒谎受行为结果驱使。

通过侦查和交流,我发现孩子对发生的事件有所概念,但是没有意识到事情的严重性。孩子只关注到自己的需求,不仅没有感受到同伴遗失玩具所产生焦急难受的情绪,也没有意识到不征求他人同意随意带回家是不礼貌、不尊重他人的行为。孩子的举动与想法引起了我的思考:"是否虽然到了大班,但孩子在家还是自我中心为主?""已经有两次类似的事件发生,孩子是否习以为常?""家庭的教育方法是如何进行的?"带着三个疑问,我与俊哲妈妈进行了约谈。

三、约谈

俊哲妈妈说:"我知道孩子拿玩具回来这件事,问他,他就说是小朋友给他玩的;还有上一次也带回来一个玩具,也说小朋友给他的,后来给邻居孩子玩弄丢了。没想到他是故意拿了人家的东西。"

我马上想到上次轩轩也怎么都找不到玩具,又问:"既然妈妈知道这件事,怎么不好好问问孩子,或者与我们沟通呢?"

妈妈答:"我有点不好意思。之前去亲戚家玩,孩子看到亲戚家孩子的玩具觉得好玩,想带回家,亲戚很客气,孩子就这么带回来了,之后我也没有和孩子进行沟通。"

我说:"孩子的行为其实和他生活中发生的事件有一定的联系,可能这件事情在他心中留下了印象。那平时家里有给他准备一些喜欢的玩具吗?"

妈妈答:"这样一说真的有段时间没给他买玩具了,一直和他说表现好了再买,没想到他会故意带别人的玩具回来,还什么都不和人家说。"

我说:"妈妈可以适当地给他买些喜欢的玩具。别人的玩具喜欢也可以和别人商量后玩一下,但随便带回家,家长一定要问清楚,好好引导,不能助长孩子的坏习惯。"

妈妈说:"老一辈在家中包办较多,我们一要教育他,就过来大包大揽,我顾着老人的心情,有时候对他管得松了。"

我说:"妈妈回去可以和老人好好谈谈,家长们应该教育观念一致,帮助孩子认识到事情的严重性,学会换位思考他人的情绪,平时和孩子经常聊聊天,让他知道,不管拿别人什么东西,都要学会征求他人同意,学会尊重他人。"

妈妈说:"是的,这个习惯不能有,我一定配合,回去和老人说,好好教育他。"

我说:"妈妈也别着急,我们一起配合关注孩子,帮助他认识自己的错误,帮他养成好习惯。还有什么我们及时再沟通。"

二、家长会

(一)家长会的定义和目的

家长会一般是指由幼儿园或教师发起的介绍性会议,面向本班幼儿家长或部分家长。

家长会的目的是为了准确、及时地与家长交流幼儿园的主要工作及幼儿的发展情况。

（二）家长会的座位安排

1. 圆圈型

当需要家长们进行游戏体验或现场演绎时，座位可以排列成圆圈型，有利于所有家长看清楚各个环节和过程，更有利于家长时刻参与到活动中。

2. 马蹄型

当教师进行专题讲座、宣讲工作重点，需要家长们观看PPT时，马蹄型的座位安排便于教师发言，也便于家长看清PPT内容。

3. 秧田型

当家长需要现场填写问卷资料或知识竞赛时，在每张桌子旁边安排座位，有利于家长填写资料，这样的座位安排更加有序，空间更宽敞。

马蹄型座位安排

4. 个别交流型

当有特殊幼儿教育需要的家长与老师个别交流时，一对一的座位安排更具私密性，也利于更加有效地解决幼儿和家长的个体问题。

5. 分组型

（1）辩论型。当出现话题需要现场的家长辩论时，正反方的家长可以以辩论型的座位安排入座，便于阐述自己的观点和理由。

（2）讨论型。当家长们就话题进行讨论时，围坐的方式有利于家长们交流分享自己的观点，更便于个别家长的记录。

（三）家长会的互动方式

1. 教师主讲型

通常以教师作为主讲老师，宣讲本学期的工作重点、专题讲座或家长配合事项等，家长做好记录、反馈工作。

2. 家长引领型

① 由老生家长分享自己的经验之谈，消除新生家长的焦虑和疑惑。

② 由能力较强的幼儿家长传授自身的教育理念，引导其他家长关注自身的问题，科学地指导家长。（案例见附录三　孩子刚上小班，我该怎么办——新、老生家长的问题互动与经验分享）

3. 现场演绎型

组织部分家长在现场演绎，幼儿在园或在家真实的生活和学习状态，由其他家长对其进行分析，指出其中优势和不足之处，并由家长分享自己成功的育儿经验。当遇到共性问题时，家长们分组讨论有效的、可操作性强的育儿方法。

4. 知识竞赛型

提前确定知识竞赛的主题，家长可以有前期的准备和经验积累。家长参与科学育儿知识竞赛，引领家长更有效地在生活中指导幼儿学习和其他各方面习惯的养成。

5. 游戏体验型

开展换位体验游戏，体验式家长会可以打破家长会的传统模式，使"一言堂"的单调乏味不再出现，充分调动家长的主动性、积极性，让家长在体验中感悟，在感悟中思考，在思考中提升。

换位体验，让家长学会与孩子平等对话；心理体验，让家长

游戏体验型互动

了解一些简单的幼儿心理学;角色扮演体验,让家长认识到不可替代孩子的成长体验。

6. 心理测试型

通过家长在线或现场测试,了解家长对儿童的了解程度或家长在生活中对幼儿发生问题时的处理方法是否正确。

7. 辩论对抗型

将家长分成两组,由一个育儿话题或发生在幼儿身边的案例等,引发正、反方不同意见家长的辩论,双方阐述各自的理由。

8. 单独交流型

当遇到个别问题,老师单独与家长进行交流。

(四)家长会的流程

1. 会前准备

(1)发放通知。多途径确保每位家长收到通知,例如:班级群、掌通家园、电话、纸质通知、本人当面通知等。

通知上应明确会议时间、地点、内容,每组家庭派一位家长参加会议,建议年轻的父母参加;也可附有家长是否参加会议的回执。

通　知

亲爱的家长:

兹定于9月14日(星期五)18:00召开学期初家长会。家长会日程:
1. 园长寄语(广播)18:00—18:15
2. 班级期初家长会
地点:各班教室

★ 温馨提示:每组家庭由一位家长参加会议(建议年轻父母参加);会议重要,请提前安排好时间,我们期盼您的到来!

荷露幼儿园

家长会通知示例

(2)制定家长会活动方案:

① 会议时间:时间可以定在工作日家长下班以后,便于家长参

加会议。

② 会议地点：各班教室或指定活动室。

③ 会议目标：一是通过向家长介绍本学期的工作内容，使家长了解本学期的工作重点；二是与家长交流幼儿在园表现，就如何提高幼儿的日常行为习惯达成共识；三是促进家园共育，共同探讨有效的教育措施，使幼儿得到全面和谐地发展。

④ 会议准备：家长会发言稿、PPT、签到台、签到表、座位安排（到时间与未到家长电话联系）

⑤ 会议流程：会议的具体流程和内容安排。

2. 会议过程

① 热情招呼每一位家长，提醒签到，安排入座。

② 调动家长积极参与互动(可事先预约)。

③ 对于家长的支持与配合表示感谢。

④ 尽可能关注到每一位幼儿，切勿点名批评。

3. 会议结束

① 耐心与个别家长交流。

② 整理好班级环境。

③ 做好会后总结工作。

(五) 家长会的主题内容

1. 新生家长会

(1) 入园准备：

① 幼儿服饰(穿着简单、便于运动、避免危险)。

② 携带物品(替换衣物、做好标签)。

③ 调整生活作息。

④ 加强自理能力，创设倾听和表达环境。

⑤ 建立情感联结，缓解孩子焦虑(避免负面暗示、温和坚定地告别)。

(2) 家园关系：

① 尊重信任老师，不随意听信网络传言。

② 如遇问题第一时间与老师反馈,例如:传染性疾病、幼儿间摩擦、家园间可能产生的矛盾。

③ 配合教师在一日园内生活以外多进行亲子互动,增进亲子关系。

④ 积极参加幼儿园开展的大活动,尽量请年轻的父母参与。

⑤ 主动参与家长进课堂的指导活动,有相关资源的家庭能为班级提供服务。

(3) 生生关系

① 正面引导、鼓励幼儿与他人交往。

② 勿对其他幼儿有主观判断、臆想,不随意评价他人。

③ 基于《3—6岁儿童学习与发展指南》(简称《指南》)了解3—4岁幼儿的年龄特点及发展水平。

2. 期初家长会

(1) 针对幼儿年龄特征、《指南》目标等方面的专题讲座。参照《指南》,根据本班幼儿的年龄特点,以及各方面行为习惯和能力的发展情况等,给予家长正确的目标引领,并让家长了解科学的教育建议。

(2) 班级计划学期重点工作。让家长知道本班班级计划的学期工作重点,并了解班级每月的重点工作内容,需要家长帮助幼儿配合的事项等。

(3) 近期幼儿发展情况反馈。可以根据幼儿适应来园生活、情绪状况、参与的各种活动等情况。以录像、照片或案例的形式展示幼儿一日活动,发现本班幼儿的优势和弱势,更可与同年龄段的幼儿横向比较,用科学的观念和方法应对。

(4) 饮食、传染病等安全及保健讲座。内容中也可以根据近期的饮食、季节性传染病开展安全和保健讲座,让家长学习如何在家庭中关注幼儿的健康。

(5) 本学期学校大活动的安排。让家长知道本学期幼儿园举行的各类大活动,以及需要家长共同参与的部分,让家长了解活动举办的目标和意义。

（6）家园互动配合工作。明确需要家长配合完成的班级中或园内比较琐碎的事务。

（7）特殊幼儿个别沟通。对于特殊幼儿有个别需要沟通的问题，家长可以在会后单独留下与老师进行沟通解决。

（8）现场话题讨论。可以就幼儿的生活自理能力，生活、卫生和学习习惯，社会交往能力，表达表现能力，科学探究能力等方面进行家长间的案例交流或经验分享。

3. 期末家长会

（1）互动小游戏。教师可准备不同的互动小游戏拉近家长间、家园间的距离，传递育儿理念，引起家长对家庭教育的重视及认识到亲子培养的重要性，家园共育、亲师携手共建和谐有爱的家园生活。

（2）班级工作小结。教师可以分别从班级教学情况、幼儿行为习惯的培养、收获哪些知识、动手能力如何等方面进行总结和分享，让家长了解幼儿的进步和成长。

（3）花絮回顾。播放幼儿本学期在园学习、生活、游戏、运动的照片或视频，让家长看到孩子一日生活的精彩片段，感受幼儿在幼儿园的快乐生活和点滴进步。将本学期的亲子制作、亲子互动等照片及视频与家长分享，对家长们本学期积极配合家园工作表示感谢。

（4）家长心得分享或困惑讨论。鼓励家长将家教心得和众家长分享，也可提出自己的困惑和育儿烦恼，并鼓励其他家长加入讨论，为其解惑，教师最后梳理提升。

（5）对下阶段学习生活的展望。对照相应年龄段幼儿年龄特点和教育目标提出下阶段的展望，期待家长们的积极配合。

（6）假期需要家长配合的工作。为了让幼儿合理有效地分配和利用假期时间，充分调节身心，教师还应该在期末家长会上向家长提出建议和意见，助幼儿度过一个安全、有意义的假期。参考如下：

① 注意通行安全：走人行横道，过马路时要看红绿灯，不疯跑，不独自横穿马路。

② 注意用电安全：认识电源插座，不用手或导电物（如铁丝、钉

子、别针等金属制品)去接触、探试电源插座内部。

③ 注意饮食卫生：在家饮食要规律，不吃太多的零食，按时吃饭，不挑食，多吃蔬菜。

④ 规律饮食和生活：安排好孩子的生活作息时间，坚持早睡早起，养成良好的生活习惯。

⑤ 告诉孩子自己的事情自己做：假期中请坚持让孩子做力所能及的事情，如自己穿脱鞋子、自己吃饭等。

⑥ 预防疾病：放假期间注意做好孩子传染病的预防工作。

三、家长开放日

(一) 家长开放日的定义和目的

家长开放日活动是指幼儿园在特定的时间里向家长开放各种活动，让家长全面了解幼儿园工作及幼儿发展水平。最常见的开放日就是向家长开放半日活动。

开展家长开放日的目的是，一方面，家长可以通过直观的方式了解幼儿教育的内容、幼儿在园的活动表现以及教师工作情况；另一方面，通过幼儿园与家庭相互联系，教师与家长相互沟通，家园相互作用、相互配合，形成教育共识。家长开放日既是连接幼儿园与家庭的桥梁，又是维系教师与家长的纽带，将尊重幼儿、相信幼儿、充分给予幼儿机会等宝贵的经验和新的教育观念传递给家长。

(二) 家长开放日的组织实施

为了更好地利用开放日活动对家长的科学家教进行引导，要根据不同年龄段幼儿的特征与教育需求，对不同对象的家长开放不同的内容，有针对性地进行开放和指导。特别是新小班可以设计新生适应期的家长开放日活动，帮助家长和幼儿更快地熟悉和了解幼儿园及老师。

1. 活动准备

① 发放通知，通知上告知家长开放日活动的时间、流程及家长观察要点，给家长充足的准备时间。

家长半日活动开放通知

尊敬的各位家长：

您好！为了使您更好地了解孩子在幼儿园的学习和生活情况，我园定于2018年6月22日（周五）举行家长开放半日活动，我们盛情邀请您来参加。

本次家长开放半日活动我们安排了幼儿晨间活动、早操、亲子游戏等半日活动的内容。

为了保证活动正常有序的进行，请您配合做好以下几点工作：

1. 开放当天请家长们于早上8点30分之前来园，请不要缺席、迟到。
2. 请家长按程序参加各项活动，不要随意打断老师或孩子。
3. 半日开放活动结束后请不要擅自接走孩子，如要接孩子，请先与本班老师打好招呼以确保孩子的安全。

为了能够全面地了解孩子、关注孩子的发展情况，请各位家长开放日当天务必到场，不要缺席。尽量请父母本人参加，因为这次所设计的活动都是亲子互动的内容，请各位家长积极配合，提前安排好您的时间，幼儿园全体老师恭候您的光临。

家长开放日通知示例

② 确认通知信息已收到，确定家长参加人数。

③ 制订活动方案，方案应符合本班幼儿年龄特点、家长关注的热点、班级专题需求。（方案见附录四　家长开放日活动方案）

④ 落实人员，"三位一体"协商做好班级工作，明确职责。

❖ **温馨提示**

为保证教学效果，半日开放活动尽量选择分组教学，两位教师事先协商好教学场地，做好充足的教学准备。"三位一体"协商分工。运动前的器械摆放，运动中三位老师的各自站位，运动结束进班后三位老师各自的分工也需提前沟通好，等等。

2. 活动实施

家长到园后,先发放半日活动观摩表,组织家长解读活动观摩要点。[观摩表见附录五　大×班家长半日开放活动观摩表(2016年第一学期)]

各活动板块具体解析如下:

(1) 入园活动:

家长误区:家长很少能平等看待自己的孩子,总认为他们年龄小、能力弱、动作慢,所以很少让幼儿从事力所能及的劳动。

指导策略:以幼儿为主体,培养幼儿"主人翁"的责任意识。引导幼儿学习接待礼仪,微笑相迎,主动接待,向家长介绍班级、小朋友、区域、作品等。

家长关注:幼儿来园心情,是否愿意大胆表达。

服务目的:使家长了解幼儿应该具备的能力,并相信他们的能力。

(2) 晨间谈话:

家长误区:认为孩子什么都不懂,所以很少和幼儿交流,也不知道如何跟幼儿交流。许多家长和幼儿的沟通局限于询问他们喜欢吃什么、要什么,或者交代他们应该干什么。

指导策略:引导幼儿围绕主题开展谈话;也可以根据幼儿活动中出现的问题、安全、自理能力等方面进行引导性谈话;还可以开展长期的、内容固定的谈话,如每天请幼儿讲一则故事,播报时间、天气等,教师再加以适当的引导。

家长关注:幼儿的倾听习惯及表达能力。

服务目的:使家长在此过程中了解师生间的谈话内容,感悟"生活即教育",掌握与幼儿交流的要点。

(3) 运动活动:

家长误区:家长知道运动对于幼儿健康的重要性,但在日常生活中往往缺少对幼儿运动的支持和引导,一方面不知道怎样去鼓励、引导幼儿运动,另一方面缺乏引导幼儿主动运动的意识。

指导策略：按计划表中的规定场地和活动计划开展活动，引导幼儿探索一物多玩、合作玩、邀请"客人"一起玩；引导幼儿和老师一起准备活动材料，培养他们学习整理、归还材料等行为习惯；注意安全教育，引导幼儿学会自我保护。鼓励家长带着幼儿共同运动，比如集体游戏"钻山洞"，家长可以"搭建"山洞，幼儿在山洞里游戏。

家长关注：孩子能否积极参与运动游戏，并及时穿脱衣物；能否遵守游戏规则，安全、有序地运动。

服务目的：让家长参与、体验与幼儿共同活动的快乐，激发亲子活动的兴趣。让家长了解幼儿运动的要求，掌握一些鼓励幼儿参与运动的方法。让家长了解引导孩子学会自我保护的方法。

(4) 餐点活动：

家长误区：由于对幼儿的过度关爱等原因，许多家长在家都喂饭(特别是小中班)，有的幼儿甚至喂饭也不肯吃，要家长答应他的某些条件才肯吃。很多家长因为幼儿吃饭问题而头疼，怕他们饿着，总是迁就他们，从而导致幼儿养成许多坏脾气与不良习惯。

指导策略：向幼儿介绍点心名称、营养益处等，激发幼儿用点心的兴趣；引导、督促幼儿饭前便后洗手、餐点后擦嘴、自己收拾餐具及桌面等，并注意节约用水；鼓励卫生习惯好、吃得干净、自理能力强、有进步的幼儿，从而促进更多幼儿的自觉行为；每次餐点后讲述一则故事，既有利于维持秩序、减少等待，又能帮助幼儿丰富知识、提高语言能力。

家长关注：幼儿能否自主盥洗(小便、洗手)，自己进餐等。

服务目的：让家长看到幼儿的行为与能力，使家长感受到幼儿在园的生活有序、健康，同时通过对比幼儿在家中的生活表现，对照反思自己的家教方式与行为，从而改善自己的家教行为。也可以利用幼儿午餐时间，一名老师向全体家长开展小型的指导活动，比如让家长了解幼儿园为何要开展角色游戏，如何丰富幼儿的游戏经验，家中如何有意识地培养幼儿社会性发展等。

(5) 教学活动：

家长误区：许多家长认为教育是幼儿园的事，父母的责任就是满足幼儿吃、穿、住等生活需要;也有一些家长虽然懂得要教育幼儿,但缺乏引导的能力。

指导策略:教学中,让家长参与课堂,充分发挥他们的智慧与能力,千万不能仅让他们当观众。如当幼儿对某个问题有疑问时,可以现场请家长进行讲解,或对幼儿的回答进行补充。运动或游戏时,邀请家长一起参与。

家长参与课堂

家长关注:孩子能否专注地倾听老师的要求,愿意跟着老师一同进行互动问答。

服务目的:使家长体会到自己的知识与经验对幼儿来说也是一种学习资源,从而催生家长的家教意识;让家长体验到与幼儿共同活动的快乐,感悟到自己对于幼儿的价值,从而促进亲子情感。

(6) 游戏活动:

家长误区:很多家长对游戏缺少正确的理解,认为游戏就是玩,玩就是不务正业,一见到幼儿玩,就担心学不到知识,或者对老师的工作质疑,容易产生对幼儿园和教师的不满,甚至会给幼儿园的保教工作带来不必要的麻烦。

指导策略:根据游戏内容制定游戏目标,到规定活动室或游戏区域开展游戏活动;让幼儿根据自己的兴趣爱好与游戏规则自主选择、参与游戏活动,引导幼儿仔细观察、大胆尝试、交流合作、学习记录、分享、探索等,并关注幼儿的活动安全。也可以引导家长以玩伴的形式共同游戏,比如角色游戏中,家长可以扮演顾客,在体验顾客的角色中,了解孩子之间的游戏水平。

家长关注:幼儿能否在游戏中专注投入;能否与同伴合作,有合作意识。

服务目的：使家长理解"游戏"是按计划进行的有规则、有秩序的学习活动，幼儿玩有所学，而且学得主动、快乐，从而使家长能理解、支持游戏活动，并学会在日常生活中为幼儿创造有益的游戏条件和机会，同时也强化亲子互动。

3. 后期事宜

教师应做好资料收集整理工作（活动方案、照片、视频等），汇总反馈家长观摩活动的基本情况和建议。

四、亲子活动

（一）亲子活动的定义、目的及现状

1. 亲子活动的定义和目的

幼儿园亲子活动是指由幼儿园创造一定的条件，以亲缘关系为基础、以教师为主导、教师与家长共同组织幼儿活动的一种幼儿园教育方式。

亲子活动的目的是帮助家长了解孩子的情况，增进亲子间的情感，增进教师与家长的相互沟通和了解，促进幼儿身心健康成长。

2. 亲子活动的现状

虽然幼儿园亲子活动已经比较普及，大部分家长也都能认识到活动的价值，但是在实践活动中，真正参与活动的家长数量有限，下面通过案例进行分析说明。

案例描述：

园内寻宝亲子运动会中，参与的家长大部分为祖辈，活动需要每位家长负责一组幼儿进行寻宝活动，指导孩子们学会如何协商分工，通过在运动点完成任务获取"宝藏"。在活动中，祖辈更关注幼儿的安全和护理，时不时地说："那边比较危险""多喝点水"。也有祖辈干扰幼儿活动，时不时地说："宝宝去那边玩""宝宝快过去""宝宝快看我，给你拍照"。而年轻家长有的直接告诉孩子方法，也有的直接抓着孩子的手通过，还有的家长只是站在一旁玩手机，任由幼儿自由发挥。

案例分析：
- ❖ 祖辈是"好帮手"，父母是第一责任人

不应由祖辈代替父母参与亲子活动。祖辈教育观念有差别，关注点更多是幼儿的保育和安全，像亲子运动会、快乐歌会是祖辈很难胜任。

- ❖ 亲子教育角色失衡，过度参与包办代替

家长重视孩子任务的完成，更多地进行包办或演示，降低幼儿参与的机会，造成幼儿活动主体缺失。

- ❖ 亲子活动缺乏有效互动，缺少参与，旁观被动

有些年轻家长虽重视亲子活动也亲身到场陪伴幼儿参与活动，但真正参与活动的状态却是任由幼儿单向性地活动，导致幼儿缺少自我体验和操作，丧失了亲子活动的真正意义。

（二）亲子活动的特点

1. 活动形式的多样性

亲子活动既可以采用各领域亲子活动的形式，又可以运用自身独有的活动形式，还可以将各类亲子活动形式统合为新的活动形式。正是由于亲子活动形式的选择多样，决定了其不可避免地具有多样性的特点。例如：在亲子活动"我和春天有个约会"的开展过程中，既可以借鉴采用音乐亲子活动形式，还可以将音乐亲子活动形式与美术亲子活动形式或语言亲子活动形式相结合起来开展。

2. 活动内容的全面性

亲子活动的内容不受各领域亲子活动内容的局限，一般是围绕幼儿的兴趣和需要展开，可以设计多个领域的内容，给予幼儿更加完整、系统的直接或间接的经验学习。

3. 活动外延的广泛性

亲子活动的外延非常广泛，一方面可以根据活动需要拓展延伸为一系列的相关活动，另一方面活动参与人员可涉及社会各界人士，如消防员、医生、警察等。例如：在亲子活动"参观动物园"的开展过

程中,既有动物园饲养员、导游员的讲解,又有动物园马戏团的表演互动;既可以参观认识各地动物,又可以后续开展参观植物园、博物馆、科技馆等系列活动。

(三)亲子活动的类型

1. 园内亲子活动

在幼儿园内,以某个主题内容为主线,由全园幼儿家长一起参与的亲子活动,如快乐歌会、青蛙呱呱故事会、园本生命月活动、运动会等亲子活动。也可以节日特色为主题,进行传承中华民族精神和情感的亲子活动,如端午节、三八节、重阳节、国庆节、元宵节、中秋节等主题活动。

2. 亲子社会实践活动

在幼儿园外,利用校外社会资源,进行参观、体验、实践类的亲子活动,如春秋游、徒步、踏青、爱心义卖等。

幼儿园春游活动

(四)亲子活动的实施

1. 园内亲子活动的实施

(1)活动前的准备:

① 开展前期问卷调查:了解家长对目前幼儿园亲子活动的开展现状,以及对幼儿园亲子活动的看法,根据数据统计与分析组织有效的亲子活动。[见附录六 幼儿园亲子活动现状调查问卷(家长卷)]

② 设计活动方案:依据方案格式做好活动方案(具体可参考附录七 亲子运动会活动方案);策划需注意以下几点要求:

亲子活动策划的目标指向幼儿的快乐与发展。

亲子活动策划需有主题。

亲子活动策划可以与园本课程相吻合。

亲子活动策划要兼顾全体。

```
活动方案
活动主题：
活动介绍：
活动目的：
活动准备：时间、地点、场地划分、材料准备、通知等。
人员安排：总负责人、奖状制作、奖品购买、摄影摄像、活动宣传、分组项目等。
时间安排：
活动过程：
温馨提醒：家园配合、注意事项等。
```

活动方案示例

③ 发布活动通知：通知中需体现活动意图、教育价值、活动内容、活动要求、时间节点等。

```
            快乐歌会通知——唱响荷露之歌
亲爱的家长们：
    我们的快乐歌会即将拉开帷幕啦！
    一、活动宗旨
    1. 让荷露的全体幼儿、家长唱响荷露之歌，感受园歌的魅力，营造健
康、快乐、和谐的校园文化。
    2. 培养幼儿的艺术素养，提高幼儿的歌唱水平，支持和鼓励幼儿大胆
地表现自己，增强幼儿的自信心。
    二、活动时间
2019年4月15日—4月30日
    三、活动形式
1. 幼儿版——园歌班班唱
2. 家长版——亲子唱园歌
    四、活动要求
1. 幼儿独唱，进行班级海选
时间：4月15—22日
要求：声音响亮、表情自然、台风大方
2. 亲子唱，每班两组家庭（自主到老师处报名）
时间：4月29日下午2:30
地点：二楼多功能厅
要求：声音响亮、表情自然、台风大方
3. 由家委会、教师共同评分，评选各奖项并颁发奖状
```

活动通知示例

④ 活动统计：可采用线下或线上报名的方式进行统计。

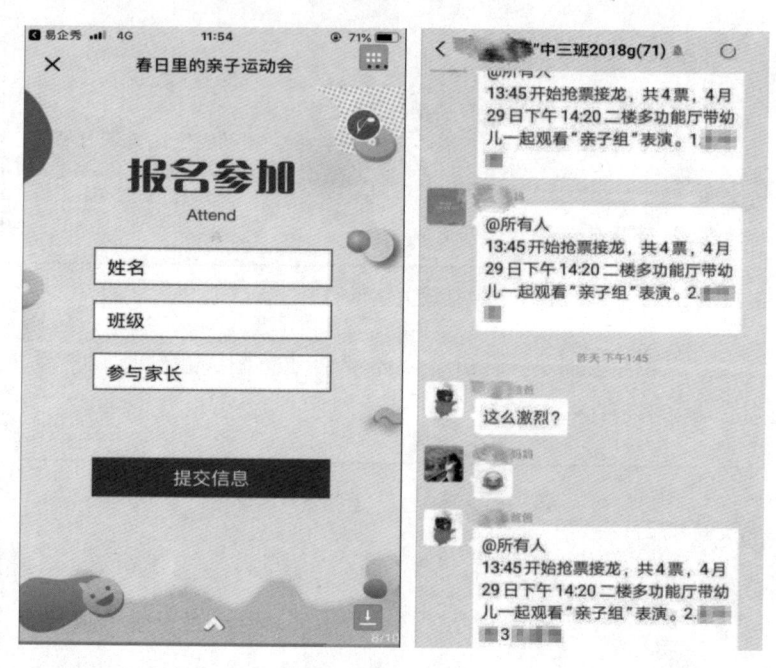

线上报名方式示例

⑤ 安全准备：亲子活动需提前制定安全预案，以备应对突发事件（见附录八　荷露幼儿园重大活动安全预案）；室外活动需提前增设紧急医疗站点，迅速处理安全问题。

（2）活动中的指导：

① 直接性指导：开展亲子活动时，家长可以直接观摩老师指导幼儿。老师要向家长交代本次活动的要求，使家长明确活动的目的和要求，鼓励家长提出共性问题，直接在活动过程中开展有针对性的指导与分享。

② 个别式指导：对于个别差异幼儿多加关注，结合当天亲子活动情况与家长在活动后进行沟通，制定针对性的指导对策。具体指导方法结合下列案例进行讲解。

【案例背景】

一次亲子游戏大活动,分别有角色扮演游戏、运动游戏、益智游戏等12个游戏点。一位刚刚陪伴孩子参与完幼儿园亲子游戏后的妈妈和老师进行了个别交流。

【家长抛疑】

今天陪伴我家小宝参与幼儿园开展的亲子游戏活动,让我看到了小宝的另一面,也让我对小宝有了新的认识。幼儿园创设的游戏点很丰富,可是我发现小宝每到一个游戏点,就像走马观花,没玩多久就去新的游戏点。比如在益智游戏"植树棋"中,刚开始小宝赢了,可小宝和其他孩子没玩多久就没耐心了,把棋盘上的小树全推倒了。在观察生命的游戏点中,需要孩子记录下乌龟的爬行轨迹,一开始小宝觉得蛮新奇的,可是看了一会觉得没劲了就又想离开。老师引导小宝可以帮助乌龟指定路线,用小工具引乌龟朝路线爬行,可是小宝又跑了。我们家小宝的专注力实在太差了,平时在家也有类似情况,这次来参与亲子活动发现孩子在专注力这方面的问题令我很焦虑,是不是孩子水平跟不上,有什么办法可以帮助改善。

【教师解惑】

妈妈能陪伴孩子参与活动,说明你也是重视幼儿教育的家长,很欣慰看到妈妈能在观察孩子活动中发现问题。首先,妈妈先不要过多焦虑,小孩子的大脑皮质没有发育成熟,兴奋和抑制过程尚未充分发展,所以无法长时间对同一件事情保持注意力,这是正常的。请放心,随年龄增长,孩子集中注意力的时间会逐渐延长的。

另外,这次是亲子游戏活动,妈妈是否陪伴孩子一起参与到游戏中呢?

妈妈:"感觉那是孩子的游戏,好像我参与进去是不是不太合适。"

老师:"妈妈,游戏我们是为孩子创设的,但是亲子游戏就是需要家长陪伴孩子一起感受游戏的快乐。""如果妈妈成为小宝的游戏小伙伴,一定能了解小宝所表现的行为,了解小宝的需求。"

妈妈:"那我该如何成为孩子的小伙伴呢?"

老师:"像妈妈描述的,小宝在家也有类似的情况,如果孩子长期处于一个人单向的游戏,没有引导,没有赞赏,孩子长期都是处于同一水平的重复摆弄,孩子怎么会有兴趣呢。""就像在植树棋游戏中,孩子第一次赢了,妈妈可以进行及时地鼓励和赞赏,孩子一定还想表现给你看。第一次赢的时候肯定也是有方法的,妈妈可以在孩子已有的经验上补充方法,那孩子一定会在原有经验以上(收获更多),孩子玩起来一定也会更专注。"

妈妈:"谢谢老师,感觉错过了孩子许多美好的时光。"

老师:"既然花时间陪伴孩子了,那就要让孩子感受到。""妈妈,可以通过以下几个方法提高幼儿专注力:每次只拿出一两件玩具;陪着孩子玩,一起发现其中乐趣;做得好及时给予鼓励。"

基于上述案例,我们梳理出在个别式指导时应注意以下几点:
- 耐心且专注地听家长的描述(尊重家长)。
- 发现家长的优点,及时肯定(有助于搭建家园桥梁)。
- 通过科学的教育理念和依据,缓解家长的担忧(有助于建立轻松的沟通环境)。
- 根据家长描述的事件,用通俗易懂的方法进行分析(有助于家长理解)。
- 结合家中幼儿行为来分析行为(全面了解幼儿需求)。
- 举例给出解决措施(家园共育帮助幼儿后期养成)。

③ 点拨式指导:指导贯穿于亲子活动全过程,教师在活动开展的同时进行观察,在家长指导幼儿活动出现困难时,教师可及时点拨指导,帮助父母找到解决的方法,并结合科学的教育理念告诉他们为什么要这样做。

(3) 活动后的评价:

① 活动感悟:活动结束后,组织家长结合幼儿亲子活动中阶段性的表现撰写活动感悟。

② 活动反馈:活动结束后,教师可以通过现场分享交流会的形

式组织家长进行简短的活动反馈或填写活动反馈表,使教师了解此次亲子活动的活动成效并进行反思,有利于更新并完善下一次亲子活动。

③ 问卷跟踪:针对每一次的亲子活动进行活动后的问卷调查,并对数据进行统计分析,切实地了解家长的需求并进行完善。

亲子活动反馈问卷调查

各位家长朋友:
　　感谢你们能在百忙之中挤出时间来参加此次××亲子活动,为了更好地组织丰富多彩的亲子活动,请为此活动提出您宝贵的意见!
　　班级:　　　幼儿姓名:
　　一、您认为这样的活动好吗?是(　) 否(　)
　　二、您愿意参加这样的活动吗?是(　) 否(　)
　　三、请根据活动目的和内容结合幼儿表现评价此次活动:
　　四、您认为此次亲子活动还有哪些可以改进的地方?
　　五、如果下次还开展这样的活动,您是否愿意和老师一起出谋划策?
　　　是(　)　否(　)

活动反馈问卷示例

2. 亲子社会实践活动的实施

(1) 活动前的准备:

① 设计活动方案(格式、策划参照园内亲子活动方案)。

② 发布活动通知或电子邀请函。

告家长书

亲爱的家长:
　　我们将于2016年5月28日周六上午举办大型亲子运动会。
　　具体时间:8点30分到顾村中心小学报到
　　　　　　　9点活动正式开始
　　注意事项:
　　1. 请穿着便于运动的服装和鞋子。
　　2. 尽量不要携带贵重物品,首饰之类的也尽量取下,保证财物安全和自身安全。

3. 活动中听从工作人员指挥,不要擅自离开队伍。现场有指定的摄影摄像人员,请家长活动中不要擅自离开队伍拍摄。

4. 注意自己的言行举止,给孩子树立良好的行为规范的榜样。

5. 重视孩子的自我发展,不要代替孩子活动,给孩子更多自己解决问题的机会。

6. 比赛结果不重要,活动的过程和孩子的体验最重要,家长要鼓励孩子的任何进步,不要用输赢来衡量孩子。

7. 绿色出行,建议乘公交、步行、助动车、自行车。

活动通知示例

电子邀请函示例

③ 活动统计。

```
               回    执
班级:_____    姓名:_____    性别:_____
A. 一大一小(  )  B. 二大一小(  )  C. 不参加(  )
                                  ×××幼儿园
                                  20××-×-×
```

活动统计回执示例

④ 其他准备：安全预案；车辆安排；提前与搭班教师沟通出行站位；提前统计好出行当天家长联系方式；关注体质较弱幼儿的身体情况。

(2) 活动中的指导：

① 组织家长交代活动内容、安全注意事项。

② 按计划有效开展活动，鼓励家长积极参与活动，引导家长关注、了解孩子的表现，学会正确地观察与评估孩子的行为。

③ 专业引领，解析活动教育价值，建议家长迁移运用。

(3) 活动后的评价

具体请参照园内亲子活动的活动后的评价相关内容。

(五) 亲子活动的意义

1. 帮助家长建立主人翁意识，激发家长积极合作的态度

在幼儿教育中，教师与家长都是儿童教育的主体，共同的目标是促进儿童的发展，相互间是合作伙伴的关系。

2. 让家长走进幼儿园，使他们了解幼儿园的教育理念

亲子活动可以帮助家长了解孩子的情况。在活动中教师有针对性的指导可以拉近教师与家长的距离，同时通过观察教师的教育行为和孩子的表现，家长反思自己的家庭教育内容和方法，在活动中获得正确的育儿观念和育儿方法。

3. 促进亲子关系的健康发展

家庭中的亲子关系将对孩子的终身发展产生重大影响。亲子关系直接影响孩子的心理发展、态度行为、价值观念及未来成就。开展丰富的亲子活动不仅有益于亲子之间的情感交流，促进亲子关系健康发展，同时对幼儿本身的发展也具有重要的促进和影响作用。

4. 为幼儿与家长、教师与家长、家长与家长之间搭起沟通的桥梁

开展亲子活动满足了幼儿依恋父母的情感需要和家长希望了解孩子的集体生活情况的愿望，进一步拉近了家园关系，实行家园同步

教育的好形式。

园方应有效地组织与开展亲子活动这一新颖的教育形式,以改善家长育儿观念、增进亲子关系、促进家园共育,在活动中帮助家长将正确的育儿观念和方法融入与孩子相处的每一刻,逐步了解培养、教育孩子的重要性,从而最终实现孩子的健康和谐发展,为孩子健康快乐地成长提供有效途径。

五、家长学校

（一）家长学校的定义和目的

家长学校是指为家长提供教育的场所,为家长提供家庭教育知识和幼儿教育管理知识。其目的是让家长在日常的工作中能够学会照顾家庭,照顾孩子,为家庭和孩子构筑健康的生活环境。因此,家长学校对家庭教育和幼儿园教育工作具有重要的作用,必须高度重视家长学校,提高家园共育的效果。

（二）家长学校的类型

1. 专家讲座

专家讲座是指由专业的家长讲师向幼儿家长进行家长学校专题讲座,传授家庭教育的基本知识,指导家长科学育儿的方法,帮助家长提高思想认识,树立正确的家教观念,了解幼儿园教育,提高家长学校的教育效果。

2. 专题指导沙龙

专题指导沙龙是一种在教师的引导下,针对某一主题进行深入讨论的圆桌会议。目的是了解家长和教师对某一主题的看法,并试图找到解决问题的办法。沙龙是在教师主持下的多人讨论,参加者之间存在一定的互动关系。

（三）家长学校的实施

1. 专家讲座

（1）专家讲座的准备:

① 了解讲座对象,评估教育需求。

② 确定讲座主题,设计讲座方案。
③ 发布讲座通知,落实场地、人员安排等细节。

专家讲座现场

(2) 专家讲座的过程注意:
① 知识科学,深入浅出。
② 内容新颖,针对性强。
③ 形式多样,讲究方法。
④ 强调效果,注重评价。
2. 专题指导沙龙

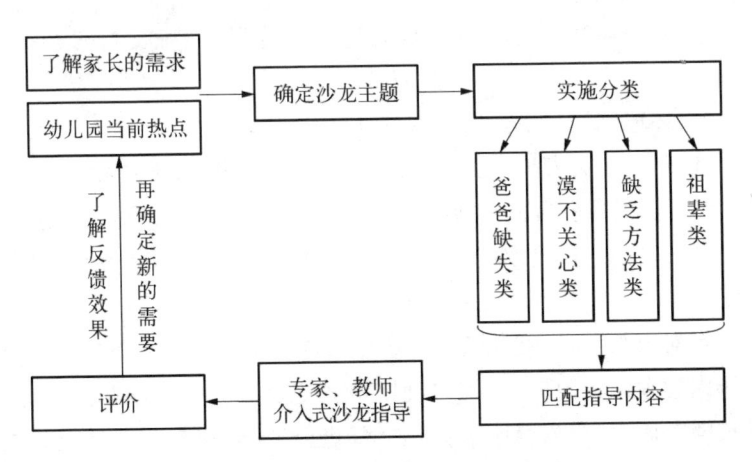

家长专题指导沙龙的过程示意图

从示意图可以很清楚地看到专题指导沙龙的操作过程,以了解家长需求和幼儿园当前教育热点为问题来源,确立专题指导的主题,然后对活动实施分类,根据家长的不同需求匹配指导内容,由专家或者教师介入指导,并作出评价。后续的效果反馈作为以后开展活动的调整依据,形成一个循环链。

"在家庭体育活动中促进幼儿体质发展"专题指导沙龙现场

（1）专题指导沙龙的准备：

① 确定沙龙主题,匹配指导内容,明确指导形式,设计沙龙方案。

② 发放通知,告知讲座时间、地点及主题,鼓励父母参与专题讲座。

③ 环境创设自由宽松,座位摆放便于交流。

④ 落实相关人员,如主讲人、主持人等,制作 PPT 讲稿。

⑤ 准备签到、摄影、电脑、音响、话筒等,检查设备是否运行正常。

⑥ 了解参与家长对于该主题的已有经验或观点,并预约个别家长发言。

针对家长需求、幼儿园教育热点结合《上海市 0—18 岁家庭教育指导内容大纲》(简称《大纲》)确定沙龙主题。教师可以在前期进行家长问卷调查,有意识地结合《大纲》进行罗列,根据反馈进行分类,家长就能有针对性地进行选择,比如"幼小衔接问题""园本课程的解读""家园合作中,我们有哪些误区"等;还可以结合当前一些育儿的热点,将两者有机结合形成主题。这样家长能接触到的教育指导面更广,家长可受益的内容也更多。

教师们可结合《3—6岁幼儿家庭教育指导专题内容要点》选择沙龙主题。

3—6岁幼儿家庭教育指导专题内容要点

专题1　帮助幼儿度过入园适应期

专题2　在家庭体育活动中促进幼儿体质发展

专题3　培养幼儿的自理能力和劳动习惯

专题4　重视幼儿良好个人卫生习惯的养成

专题5　早期智力开发必须符合幼儿的年龄特征

专题6　家庭是培养幼儿情感的最重要场所

专题7　积极为幼儿创造与他人交往的机会

专题8　营造和谐的家庭氛围

专题9　增强幼儿安全意识,避免伤害事故发生

专题10　注意营养保健和合理的膳食

专题11　亲子游戏是建立良好亲子关系的重要途径

专题12　做好离园与入小学的衔接工作

教师也可根据不同年龄段的幼儿发展目标设计相应的专题指导沙龙内容。如图所示,以"幼儿年龄特点及发展目标"为主题,设计专题指导沙龙的内容和形式。

活动主题	活动内容	形式	地点	建议适应人群
幼儿年龄特点及发展目标	幼儿健康测评及培养方法交流	聚焦讨论	二楼会议室	有一定理论基础、存在困惑的家长
	幼儿社会能力测评及培养方法交流	实践体验	教工之家	缺乏理论与实践经验相结合的家长

(续表)

活动主题	活动内容	形式	地点	建议适应人群
幼儿年龄特点及发展目标	幼儿语言能力测评及培养方法交流	实践体验	小一班	缺乏理论与实践经验相结合的家长
	幼儿科学能力测评及培养方法交流	实践体验	小二班	缺乏理论与实践经验相结合的家长
	幼儿艺术能力测评及培养方法交流	实践体验	小三班	缺乏理论与实践经验相结合的家长
	集体教学：跳动的心脏（语言）+现场互动分享	实践分享	小四班	祖辈或者确定实践方法的家长
	集体教学：奇妙的水（科学）+现场互动分享	实践分享	中一班	祖辈或者确定实践方法的家长
	集体教学：土豆一家（艺术）+现场互动分享	实践分享	中二班	祖辈或者确定实践方法的家长

专题指导沙龙内容设计示例

专题指导沙龙形式多样，分为聚焦讨论式、实践体验式、案例分享式、情景再现式、现场辩论式等。

✓ 聚焦讨论式

定义：通过分层指导活动这个平台，聚焦于参与者与参与的内容，有意识地为家长开展科学家庭教育讨论的形式。

案例 爸爸本领大——"诈尸式育儿"引发的行动

一、背景

很多家庭中爸爸的育儿方式往往是"诈尸式"，可实际上，这种"诈尸式育儿"既没有雪中送炭，更没有锦上添花。经常以"站着说话不腰疼"的形式，成功地做到了在育儿上"拖后腿"，在亲子关系上"狂撒盐"。

"养不教，父之过"，爸爸在家庭中对孩子的影响主要表现在品格培养、智力发展、社会心理以及坚强、自立、勇敢等性格的确立上，这是家庭教育中妈妈所不能替代的。因而，基于当前热门话题爸爸们的"诈尸式育儿"，我们充分挖掘爸爸的本领，用爸爸的实际行动来给予直接的回应。

二、活动过程

（一）前期调查

开展活动前先做问卷调查，以了解爸爸们在幼儿教育中所起的作用以及能提供的支持。

案例一：爸爸的本领大

问卷如下：

1. 您的孩子现在所处的年龄段是（　　）

   A：小班　　B：中班　　C：大班

2. 您会经常陪伴您的孩子（　　）

   A：会　　B：不会

3. 您没有时间陪伴您孩子的理由是（　　）

   A：工作忙、没时间　B：孩子太吵，不愿意互动　C：其他

4. 您的孩子喜欢跟您在一起吗（　　）

   A：喜欢　　B：一般　　C：不喜欢

5. 您的孩子喜欢和您做什么（　　）

   A：讲故事　B：玩玩具　C：去户外游戏　D：其他

6. 您的空闲时间有哪些，请罗列？

7. 您自身的优势有哪些（比如：会讲故事、会玩体育游戏、会唱歌等请写下）

8. 您愿意才参加这次的指导沙龙，发挥自己的爸爸优势吗（　　）

   A：愿意　　B：不愿意

前期调查问卷示例

（二）指导内容

根据三个幼儿年龄段家长的指导需求，开展了三项各有侧重的爸爸专题指导活动。

小班——爸爸讲故事，爸爸讲故事的方式方法和妈妈有着很大的区别，比如在象声词的表现上会比妈妈更富有童趣，更受孩子的喜欢。

中班——爸爸做游戏，爸爸提供一些新颖有趣的体育小游戏，丰富中班孩子的游戏经验。

大班——爸爸变魔术，爸爸找几个有趣的科学小实验揭示简单的科学原理，满足大班幼儿探索事物的好奇心。

（三）活动前准备

邀请参与指导活动的家长针对各自孩子年龄段的活动所聚焦的问题进行思考与选择，由家长和教师共同梳理和提炼。小班针对故事种类的选择，故事呈现方式的选择。中班针对运动小游戏的尝试，几个游戏设计较为适宜，难易程度是否要有递进，游戏中的器械选择专业器械还是使用替代物等进行思考。大班针对大班幼儿对科学的了解程度，适合哪些科学小实验，与生活有哪些密切关系等进行思考。

三、指导要点

（一）了解成因，解决爸爸后顾之忧

大多数爸爸们特别重视效率，希望马上能看到明确的意义和成果。因而，指导活动要直接明了，以一个小时的时间限度给予爸爸们有效率的指导内容，并且能在回家后立马与孩子产生互动，感受到孩子对爸爸们的喜爱及崇拜。

（二）发挥优势，搭建"好爸爸平"台

爸爸的思维更活跃，与孩子互动时更具有感染力。我们要利用爸爸的先天优势，充分挖掘爸爸的潜质，用这些爸爸的好方法去感染其他的爸爸们。

四、注意事项

① 预约参加的爸爸最好事先与教师沟通好，一定要结合自己的

生活经验来开展活动,最好是成功的案例,如果是有自己的反思和跟踪型案例那就更有说服力和感染力。

②聚焦式讨论需要把控好流程与节奏,切勿拖沓。如果可以请男老师来主持更好,可以迅速拉近与爸爸们的距离。

五、家长反思

活动后爸爸们的感触很深,看似复杂困难的家庭教育指导,其实只要有了好的载体和方法,就能做到事半功倍。很多爸爸在活动中都纷纷发言,提出自己的设想、疑问、建议,讨论的氛围愈加浓烈。爸爸们更表示后续会将学到的这些指导方式用于孩子的教育中。

✓ 实践体验式

定义:指家长将教师给予的指导方法在运动、游戏等亲子互动活动中,直接通过实践体验指导意义的一种形式。

例如,现场亲子阅读体验活动中,教师可以先指导一些亲子阅读的技巧(点读、划读、提问、交流等),然后家长再将技巧运用在实践中,体验和孩子共读的方法和乐趣。

✓ 案例分享式

定义:指教师围绕一个特定的教育目的,把教师或家长在教育实践过程中发生的真实情景加以典型化处理,形成可供家长学习、思考、分析和决断的案例,从而促进家长家庭教育的方法。

例如,同样的亲子共读沙龙,可以在活动前进行小调查,了解家庭的阅读习惯,提前邀请几位家长分享亲子共读的经验和案例,引发家长间的讨论;然后,教师再提供更直观、感性的指导,如根据孩子的年龄特点选择适合孩子的书籍,和家长聊一聊亲子阅读的好处及方法。

✓ 情景再现式

定义:创设情景,将家中发生的案例的基础上进行艺术化的处理加工,以现场表演的形式还原事情发生经过。

✓ 现场辩论式

定义:指教师为家长搭建平台,鼓励家长对一些有争议价值的、关涉教养态度与方法的问题发表自己的看法,引导家长在争议或者交流的过程中思考,在比较的基础上做出选择并实践自己选择的一种策略。

(2) 专题指导沙龙的过程应注意:

① 在交流中始终围绕主题突出重点,抛出的问题能引发家长讨论。

② 关注每一位家长,鼓励家长发表观点,参与互动。

③ 聚焦主题,及时提炼概括,梳理家长科学育儿的经验。

④ 把控时间,一般在1~1.5小时。

(3) 专题指导沙龙结束后的工作:

① 整理好活动场所,各类物品归位。

② 写好家长专题指导活动的反思记录,整理文字与视频资料。

③ 将活动中好的经验整理后与全班家长共享。

(四) 家长学校的作用

1. 家长学校可以提升家庭教育和幼儿园教育的教学质量和水平

家长学校会教授家长们相应的方式方法,以便他们在家庭中更好地规范自己的行为,用自己的行动为孩子树立榜样。此外,家长学校的教育也会让家长们树立正确的教育观念,杜绝盲从和跟风,教会家长要根据自己孩子的实际情况为他们选择相应的教育,从幼儿的角度出发,培养幼儿的兴趣和爱好,进而提升教学的有效性。在家长具备了正确、科学的理念,学习了科学的教育方法后,可以直接提升家庭教育的教育质量和水平,也能间接提升幼儿园教育的教学质量。

2. 家长学校可以衔接家庭教育和幼儿园教育

当前,我国家庭教育和幼儿园教育脱节,幼儿园教师与幼儿家长缺乏沟通和交流,不能从对方那里获取孩子更多的信息。而家长学校会教授家长要多与孩子的学校进行沟通交流,教授家长积极参与幼儿的幼儿园教育活动中,与幼儿园教师共同提升幼儿的教育。所以说,家长学校的建立可以有效衔接家庭教育和幼儿园教育,让家长积极融入幼儿的幼儿园教育,比如积极参加亲子活动,与孩子共同参加幼儿园举办的项目,让自己的孩子在整个活动中既感受到父母的关爱,也在无形之中学习相关的知识内容,进而提升幼儿的各项能力。因此,家长学校的建立对于家庭教育和幼儿园教育都具有积极的作用和意义,为家长提供学习的场所,进而提升我国幼儿家长的知识水平和思想观念,为幼儿的未来打下坚实基础。

第二节 多媒介的线上指导

一、网上互动

(一)家园网络互动的概念与价值

1. 家园网络互动的概念

家园互动,从字面上理解就是家庭和幼儿园互相作用、互相影响。基于网络的家园互动,是指在网络环境下,由幼儿园及幼儿教师、幼儿家庭及家长、幼儿构成的三位一体的学习型组织,三者之间是平等的合作伙伴关系,彼此之间双向相互影响、相互教育,为幼儿全面健康发展的目标共同努力,不断创新和进步。

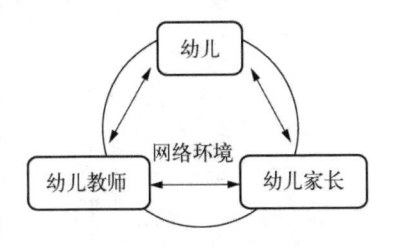

家园网络互动示意图

2. 家园网络互动的重要意义和价值

传统的家园互动方式有很多,比如家长开放日、接送交谈、家访、家园联系册、家长预约进班、园内亲子大活动等。随着社会生活节奏的日益加快,绝大多数的家长工作繁忙,无法经常来园参加各种活动,家长接送幼儿都显得匆忙,甚至都是祖辈接送,教师很难在日常接送过程中与家长进行充分的交流。若教师通过祖辈与家长沟通,不仅家长与祖辈存在代沟,还容易造成一些不必要的误会。

社会进入"互联网+"时代,教育也迎来了全新的挑战。家园共育的不可替代性,决定了幼儿园只有充分地将家庭教育与互联网相融合,才能形成促进幼儿更好发展的最大合力。家园网络互动可以突破时间的限制,空间的限制,省时快捷。利用网络平台,教师可以每天与家长交流孩子的情况,使用网络进行家园沟通;资源共享性非常强,便于存储,将优秀的育儿资料共享,方便家长查看、打印,减轻了传统教育的工作负担;网络下的家园互动,有利于优化班级管理,促进幼儿健康发展,有利于实现幼儿园、教师、家长、学生之间的平等沟通。随着网络时代的到来,家园网络互动的即时性、敏捷性、合作互动性,可以积极地为幼儿教师和家长创设"合作、同步、协调、互补"的家园互动氛围,实现幼儿与家庭的双向互动,合力引导和促进幼儿的身心发展。

(二)家园网络互动的形式

1. 更新园所每周信息的形式,使教育窗口透明化

为了使家长及时、全面地了解幼儿园的教育目标,配合幼儿园进行教育,做到网络平台"三公布":幼儿园网页公布一周菜谱,班级专栏公布主题活动,每周公布周活动计划。家长只需要轻轻点击就能了解幼儿当前教育教学重点,了解幼儿在园的饮食搭配。

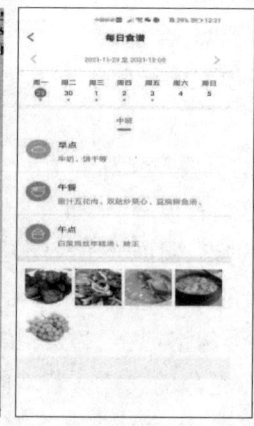

| 周计划 | 每日菜谱 | 主题活动 |

2. 发布教学动态的形式,让家长参与教育教学

网络资源信息量大、素材多、传递速度快,具有共享性,家长能够第一时间了解幼儿的教学动态,在了解后会积极、主动参与幼儿园教育。

案例　亲子任务

周末,教师发布通知,请让家长和幼儿一起收集有关动物的信息。有的家长通过线上上传,有的幼儿周一带着各种动物信息、报纸、表征画、问题困惑汇集到班级,为教师和幼儿更好地开展动物园主题活动提供资源。

家园亲子任务　　　　　　　幼儿成长点滴动态

3. 共享社会资源的形式,碰撞探索教育话题

网络互动不受时间和空间的限制,通过一些网络平台发布育儿话题、育儿方法,可以让家长更加自由地发表、交流各自的育儿观点,给予家长与教师、家长与家长之间一个很好的沟通平台。不

仅开发了家长的教育资源,又营造了家长之间相互交流、相互学习的良好氛围,同时也促进了教师教育技能的提高和幼儿园教育目标的实现。

4. 建立"班级园地"网络平台的形式,展示幼儿成长点滴

网络以图、文、声、像的形式,传送多感官的信息,幼儿在幼儿园中的生活、学习情况是家长最关心的,幼儿每一天的进步与成长都会给家长带来莫大的喜悦。"班级园地"网络平台使家长在任何时候都能了解幼儿在园情况,并和幼儿拥有每日交谈话题。家长可以及时了解幼儿在园情况,还可以及时和老师交流。

5. 发布调查问卷、增设留言板的形式,了解幼儿、知晓家长需求

家园网络互动的内容专栏有很多,可以在活动前期收集家长和幼儿的线上调查问卷,了解幼儿的发展情况与家长的需求;在活动

元宵节前期调查问卷　　　　　　问卷调查结果

后,家长可以根据幼儿发展、活动的开展进行评价,家长真实的反馈能促进老师的学习和思考。(问卷调查可参考附录九 "欢欢喜喜闹元宵"2021荷露幼儿园线上亲子课堂家长调查问卷)

6. 邀请专家线上互动讲座的形式,帮助家长更新幼儿教育新理念

邀请幼儿专家线上开设专题讲座,家长根据预告的时间点进入网络平台,聆听专业的育儿方法,更新幼儿教育理念。针对家长的困惑,专家提供面对面沟通交流。

(三) 家园网络互动的现状与对策

随着信息时代的到来,家园网络互动是一种新的教育教学模式,给传统的家园工作提出了许多新的想法和挑战。我们现在正处于互联网教育时代的初期,虽然网络平台下的家园互动比起传统家园工作开展有一定的优势,但我们也不能抛弃传统的家园工作,而是应该把网络互动作为传统家园工作的补充。

专家线上讲座预告

1. 家园网络互动的现状

(1) 家园网络互动的优点:

① 不受时间空间限制。家长在家或在单位就能自由选择合适的时间,通过家园互动平台与教师沟通,灵活方便。

② 自主选择性强。家长有自主选择权,可以浏览幼儿成长电子档案、幼儿在园情况、育幼咨询、学校当前活动等,以此了解幼儿教育的理念和幼儿的行为表现。

(2) 家园网络互动的缺点:

① 受条件限制。这种现代化的新模式受到一定的设备和条件

限制，家长必须要有网络、智能手机或电脑，幼儿园需要有网络且上网条件好才能提供各种幼儿在园生活记录和幼儿教育资源。

②受能力限制。开展家园网络互动受到掌握现代信息技术能力的限制，需要家长和老师掌握一定的现代信息技术，会上网、使用手机 APP。

③受文化程度和年龄的限制。对于文化程度低的祖辈来说较难上手，他们更倾向于传统的面对面家园互动模式。

2. 提高家园网络互动的质量

（1）了解家长需求，转变观念形成共识，宣传推动家园网络互动。

在家长会上向家长介绍家园互动的重要性，利用班级主页进行互动的便捷性和时效性，同时让家长了解班级主页上各版块的内容，观看孩子们的作品、照片以及影像，和家长一起浏览、分享，鼓励家长登录主页并参与互动。幼儿园可以收集每个班级家长对网络使用的反馈，根据家长的问题线上开展"网络平台的使用方法"的微讲座，让不会使用网络平台的家长学会使用，方便以后的交流与互动。在讲座中加大宣传，使家长和教师更加意识到运用网络平台进行家园互动的价值所在，提高家长对新兴家园互动模式的认识与兴趣。另外，对于在网络平台上积极发言的家长给予肯定和表扬，调动家长参与网络互动的积极性。也可以请操作熟练的家长为其他需要帮忙的家长开展"手拉手"活动，让家长们在互相学习中共同提高，有利于提高家长们参与网络互动的主动性、积极性。

（2）制定平台管理制度，发挥家委会在网络平台中的管理作用。

在建立网络平台之初，要制定相关规则。家长是幼儿教育中重要的一部分，幼儿园的每个班级都成立了家长委员会。可邀请家委会成员和班级教师一起管理班级的网络平台。对于部分家长在网络平台上发表一些不满或消极的信息，老师和家委会成员要及时与发布家长做好沟通和安抚。发挥家委会的作用，同为家长，家长与家长之间的沟通和安抚更能得到家长的认可和理解。

（3）发挥教师引领性及专业性，面向全体因材施教。

在基于网络的家园互动中，幼儿教师处于主导地位，教师有责任唤起家长的主人翁意识，激发家长积极互动的态度。在网络交谈中，教师要照顾到每一位家长，尽量做到交流机会均等，对于不同家长提出的个性化问题，教师要根据自身的专业知识三思而后回答，给出的答复尽量对这位家长的幼儿是有直接帮助的，做到"不同孩子，不同问题，不同对待"。

（四）家园网络互动的途径

1. 利用微信、QQ等聊天软件，进行统计、即时约谈、线上家访

网络聊天软件消除了家长和教师的距离，使"天涯若比邻"成为现实，家庭教育的双向互动在这里得到淋漓尽致的发挥，使家教指导更具有针对性和实效性。比如：疫情期间的每日安全健康上报可以利用QQ班级群的接龙功能，不仅便于统计也避免了不必要的查漏。疫情过后的家访通过微信群组视频进行线上家访，教师可以根据家长的时间来安排，不仅保护了家长和幼儿的隐私性，家园也能面对面了解幼儿的发展情况。

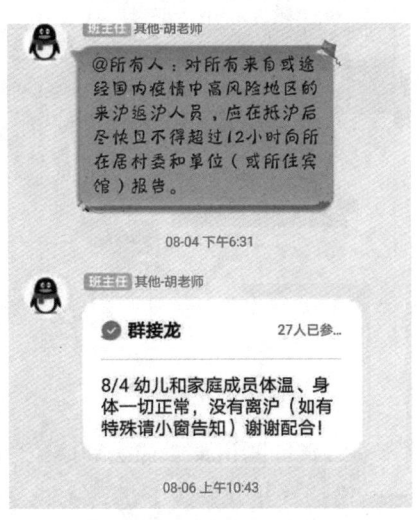

线上家访　　　　　　　　　疫情防控群接龙

2. 通过孩子通APP家校平台,完善日常班级工作,实现资源共享

家园网络互动中的"孩子通"平台,包括多个功能区域:家园社区(班级相册、调查问卷、校园通知、家园任务、成长档案)、卫生保健(每日食谱、每日检查、全日观察、身高体重)、园所管理(幼儿管理、请假条、班级管理、幼儿入离园),家长只需要安装手机APP,根据需求选择就能实现多种资源共享,卫生保健能让家长感受到园所对幼儿健康的重视和细致,家园社区能更好地增进家园之间的沟通机会,园所管理能帮助家长和教师更好地监控幼儿入离园的安全。

孩子通APP教师版界面　　　　**孩子通APP家长版界面**

3. 借助腾讯课堂或美篇APP推送,帮助家长积累育儿锦囊

邀请育儿专家线上进行家长专题讲座,与家长面对面进行针对性的专题讲座。通过美篇推送,为家长传递最新的教育新动态。

二、线上指导

（一）线上指导的定义和目的

线上指导是以幼儿园或班级为单位组织线上互动和体验，以录播形式为主，选择各类活动进行线上开展。其目的是通过提供大量的在线教育资源，利用现代化的网络学习途径，引导家长和幼儿在家也能进行多方面的体验活动。

（二）线上指导的形式

1. 直播面授

线上直播面授适合很多人同时听课，直播与面授相结合，因其互动性、时效性、有利于调动幼儿的积极性，受到无数家长和幼儿的喜爱。

2. 录播上传

录播的方式不仅能满足家长和幼儿学习的需要，家长可以不受时间和空间限制和幼儿一起观看，而且可以重复播放更加便于幼儿对知识点的学习和稳固。比如运动、游戏、学习活动等会通过录播的方式进行推送。

3. 活动推送

活动推送因其能够提供图、文、声的多感官体验，能帮助家长及时了解幼儿园的最新咨询、趣味课堂、当前大活动、教育新动态、育儿知识等信息，帮助家长第一时间获取有效的育儿信息，从而更好地教育幼儿，培养幼儿的良好生活习惯，家园共同塑造幼儿健康的身心，促进幼儿全面发展。

（三）线上指导内容的选择

1. 专题宣讲

以家庭教育为基本原则，让家长了解正确的教育方法，借助先进的教育理念和通俗易懂的事例让家长更易于理解，帮助家长树立正确的教育观，学习并积累科学的育儿方法。

（1）专题讲座。邀请在幼儿教育、保育方面有一定知名度的专家，给家长讲授幼儿发展的基本知识（生理、心理发展的一般规律，

3—6岁幼儿的年龄特点等),传授教育幼儿的经验(健康与保健)和家园配合的意义作用和途径。

(2)公益讲座。有主题的专家线上讲座,幼儿园提前发布讲座通知(时间、内容、方式),家长根据需求自行观看学习,这样的公益讲座专业性强、针对性高。

(3)防控疫情宣讲。紧急状态(疫情、传染病高发季)的情况下,学校可以通过发布宣传倡议书和线上直播的方式进行专题宣讲。例如新冠病毒疫情的暴发,打破了原有平静的生活,学校及时组织线上防控疫情的宣讲,不仅向家长们宣讲依法报告疫情防控期间出行及身体情况的重要性,也引导家长合理安排好孩子疫情期间的生活作息和卫生习惯,以良好的身心状态从容地应对疫情。

(4)点对点线上生活指导关怀。疫情期间,教师时刻与孩子们在一起,通过线上生活点对点关怀的方式(全班、小组、个人)与幼儿保持练习,了解幼儿疫情防控期间的学习、生活及在家表现等情况,使孩子们在居家期间养成良好的生活与学习习惯,并对幼儿疫情居家的心理情况掌握了解,根据情况给予心理指导。

一对一心理指导 　　　　　　生活饮食指导

2. 线上课堂

线上直播课堂与传统线下课堂最大的区别就是线上与线下的区

别。第一，地点的不同，不再受限于具体的教室，家长和幼儿根据预告的具体时间点上线即可。第二，手段的不同，教师可以利用腾讯会议中的成员签到、屏幕共享、资源上传、语音视频互动等现代化手段，让幼儿在电子设备前也能感受面授课堂的氛围。第三，特殊时期的绝佳途径，不能面对面课堂上课，就搭建云课堂，让幼儿在家也能开展学习。

（1）恶劣天气，线上直播教学活动。当遇到恶劣天气学校停课家长停工，幼儿在家做什么？教师提前发布线上直播课堂的公告，家长根据家庭情况自愿进入自己班级的腾讯直播间，幼儿和家长跟着教师一起学习、运动、游戏，隔着屏幕也能感受幼儿园丰富的活动。

特殊天气——停课不停学

（2）疫情防控，线上直播家长半日活动。疫情阻挡了家园面对面交流的机会，但却阻挡不了家园彼此之间互动的热情。为了让家长更直观地了解幼儿一学期在园学习、生活情况,通过线上直播家长半日活动的方式,让家长近距离感受幼儿的成长和进步。

3. 活动推送

幼儿园的生活是非常丰富的,幼儿园的活动也是非常有趣的,通过学校线上平台(孩子通)进行活动推送,家长可以第一时间了解学校的当前大活动、教育新动态、育儿方法、空中课堂、活动比赛信息等,促进家长和幼儿之间互动的机会,更新家长认识幼儿发展特点的专业性,积累家长科学育儿的经验。

(1) 家长沙龙。家长沙龙是以家长为主体,以幼儿学习成长为中心,以教师及专家学者为咨询指导,主题切入点小、更具有针对性,从而帮助家长转变传统教育观念,实现以家庭教育为突破口,最终形成教育合力的一种形式。沙龙前开展线上问卷调查更便于统计,主题沙龙活动的推送便于家长随时学习,活动后的反馈帮助教师对活动进行思考跟进。

美篇家长沙龙推送　　**线上专家讲座推送**

（2）园内大活动。幼儿园许多有意义的教育活动都可以影响幼儿的身心健康。虽然家长们很想陪伴幼儿参与，走进幼儿的话题世界，但因为各种原因（上班请假、疫情防控）家长不可能每一次活动都陪伴幼儿，所以通过活动推送的方式让家长在屏幕前了解幼儿园各种活动的意义，感受幼儿在活动中的成长与快乐。比如幼儿园传统节日活动（中秋节、重阳节、元宵节等）、园所特色活动。

① 育儿新动态：推送科学育儿、教育动态、饮食健康、育儿保健等信息，不仅促进家园之间的紧密联系，还增进家长对幼儿园的支持，帮助家长增长育儿知识，从而对幼儿进行更好的教育。

② 赛前培训："望子成龙、望女成凤"是每个家长对幼儿美好的期望，学校会通过多个渠道推送一些适合幼儿参加的比赛（荷露杯、快乐歌会、青蛙呱呱故事会、头脑奥林匹克等、防控疫情绘画比赛等），给予幼儿锻炼的机会和平台，统计幼儿的报名情况，有针对性地根据比赛要求推送赛前培训，便于家长在家也能指导幼儿。

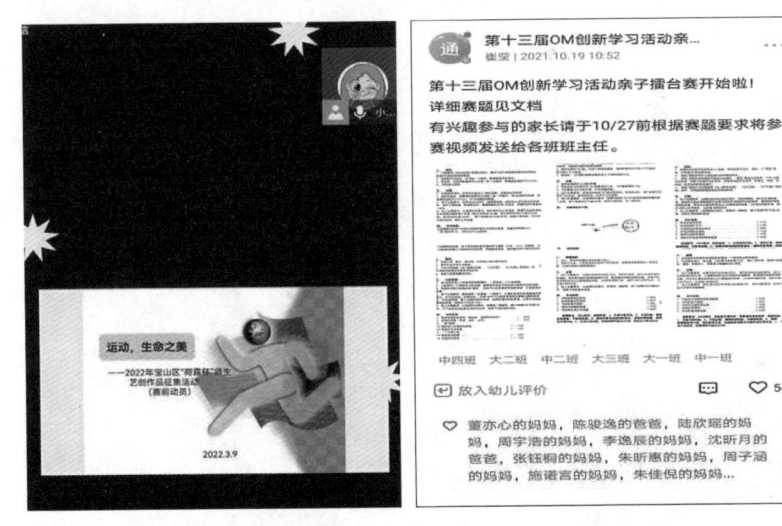

活动比赛推送　　　　　　**活动赛前培训**

③ 停课不停学：在疫情期间，幼儿园结合疫情背景，引导家长和

幼儿通过探究实践、思维能力等一系列亲子活动，从日常生活、感官、数学、语言、艺术领域中推出各种学习活动内容，让幼儿宅家学、宅家玩。比如：游戏活动中幼儿园采取线上、线下相结合的模式，向家长分享亲子游戏，共享快乐，通过亲子游戏锻炼幼儿的各项能力。运动活动中，通过一些亲子运动帮幼儿减轻疫情压力，增强免疫力。学习活动中，通过不同领域的微课帮助幼儿全面发展。生活活动中，引导幼儿养成良好的卫生习惯，指导家长饮食要做到"合理膳食、均衡营养、增强体质、预防疾病"。强调疫情防护"五还要"：口罩还要戴、社交距离还要留、咳嗽喷嚏还要遮、双手还要经常洗、窗户还要尽量开。

第四章　日常互动沟通中指导与关怀并重

《幼儿园教育指导纲要》明确指出:"家庭是幼儿园重要的合作伙伴。应本着尊重、平等、合作的原则,争取家长的理解、支持和主动参与,并积极支持、帮助家长提高教育能力。"由此可见,新时期家园共育工作的重要性。

幼儿园是一个特殊机构,它接纳和面对的对象分别是懵懵懂懂的孩子和焦虑的家长,即使教师的工作做得再细致,也会有疏漏的地方。家园共育说起来简单,要做起来却非常的困难,家长与教师在教育幼儿方面也许存在着很大的分歧,这就需要家园之间有良好的沟通,家园的沟通工作也是一门艺术,对幼教工作非常的重要。我们必须做到家园教育一致,只有把家园沟通工作做好,幼儿教育工作才会事半功倍,因此有效的沟通就显得尤其重要。

一、日常互动沟通的重要性

(一)有利于家园之间相互配合,共同促进幼儿更好地成长

家园共育的本质就是家庭和幼儿园共同教育幼儿。只有教师和家长之间相互配合,才能共同促进幼儿更好成长。幼儿教育离不开家庭教育,教师对幼儿实施教育需要家长的支持,同样家长也需要教师的理解和帮助。

(二)有利于教师与家长之间相互学习,幼教资源共享,共同提高

教师在与家长的沟通中,绝不能以为仅仅是幼儿园单方面在帮助家长提高科学育儿水平,还应认识到教师在与家长进行沟通的同

教师与家长沟通交流

时,也是向家长学习的好机会。这样不但帮助教师拓宽思路,而且也调动了家长的主动性、积极性,让家长拥有参与幼儿教育的兴趣,有利于促进家长与教师之间的合作,密切家园关系。

二、日常沟通的基本原则

(一)平等性原则

幼儿园与家长的地位应该是平等的,幼儿园要尊重家长,帮助家长了解幼儿园的教育教学目标及合理的育儿知识和方法。

(二)因人而异原则

每一位家长的生活环境、脾气个性、育儿观念、教养态度、育儿方法等方面存在差异。因此,教师需要根据不同的家庭情况设置不同的沟通内容和方法,这样既可以达到家园共育的教育目的,又可避免因为沟通不当产生的误解。

(三)长期性原则

幼儿的发展是一个渐进的长期过程,教师应该建立长效沟通机制,和家长建立长期的或阶段性的联系,使家园沟通常态化,真正实现家庭和幼儿园同步教育。

(四)互动性原则

首先,教师要鼓励家长积极主动参与幼儿的生活,共同关注幼儿的健康成长。其次,在沟通过程中,教师要引导家长共同参与商讨孩子的教育方法及解决问题的措施,让沟通具有互动性。

三、日常工作中的家长沟通技巧

在幼儿园工作中,与家长的沟通是关键环节,家长对教师信任与否很多时候就来自日常交谈。因此,教师在与家长沟通的过程中,一定要讲究沟通技巧。

(一)了解班级家长的年龄结构与特征

在与家长沟通之前,教师要清楚地了解本班家长的年龄结构和性格特点,就当前的幼儿家长年龄结构来看,基本以80后、90后为主,这些年轻的家长性格特征各不相同,有个性张扬的、有民主意识强的、有自尊心强的、也有不愿隐忍的。对家长年龄和性格有所了解,教师可以根据家长的年龄对家长的个性有初步的判断,为之后的沟通做好预案。

(二)了解班级家长的个性与处事方式

除了了解年龄和性格特点,教师还要关注家长的处事方式和个性,可以从家长平时的仪表、举止,幼儿的日常用品、着装、行为来观察判断幼儿的家庭状况和家长的处事方式,以此帮助教师规避与家长沟通过程中可能出现的问题。

(三)注意交流的艺术

教师在与家长沟通时要注意交流的艺术,把握与家长之间的关系,注意分寸感,与家长适度地保持距离;在与家长交流时注意礼节,有礼貌、得体地与家长交流,礼多人不怪。此外,也要注意和家长之间的称呼,与家长之间的称呼要注意教师与家长身份的不同,称呼不宜太随意或太亲密。

教师与家长沟通

（四）合理分配离园沟通时间

日常工作中与家长沟通一般在离园时间，这就需要教师注意分配离园的沟通时间。当有多位家长要沟通时，重要的事情要优先沟通；沟通时面对多位家长，如只是日常琐事可以简短沟通、讲重点，避免其他家长长时间等待；如离园时的家长是老人不便于沟通，教师可以预约家长在其他时间沟通。

四、特殊事件的家长沟通技巧

（一）引起焦虑的沟通

案例：新生入园之初，教师建立了班级群，并在群中发布公告，说明班级群主要用以交流讨论孩子教育问题、发布幼儿园活动信息动态，号召各位家长传播正能量，个别问题私信沟通。但依然有家长在班级群内沟通个别问题，如：孩子脸上有小红点，主观认为原因是幼儿园的被子发霉了，且家长态度不友善，坚持要在群内交流，表达语言引起群内其他家长的误解和担忧。

1. 遇到问题，私信交流

首先，教师要主动选择个别沟通的途径与方式与家长交流，如电话沟通、面谈或与家长私信沟通，把沟通的平台从班级群内转移，避免其他家长的群内围观及言论造成不良影响。

2. 控制情绪，减少冲突

其次，教师要先控制好自己的情绪，以平静缓和的态度与家长沟通，避免因自身的不良情绪激化与家长之间的误会和矛盾。

3. 公开澄清，避免恐慌

最后，教师在与家长个别沟通，解除了家长的疑虑和误解后，要向家长表明事件在班级群内带来的不良影响，建议家长在班级群内澄清事实。同时，教师也需要在班级群内向全体家长说明事情的真实情况，消除家长的误解和疑虑。

（二）"高知"家长的沟通

案例：如今的高收入、高职位、高学历的"三高"家长越来越多，当面对三高家长时,他们会用自己的教育观来质疑幼儿园的教育,比如大班幼小衔接应关注学习,如英语、算术、拼音、识字等,没必要开展游戏、运动会之类的活动。

1. 正确分辨,树立自信

面对家长提出的质疑和教育观念,教师要正确分析科学性和合理性,不轻易受家长的影响,同时对幼儿园的教育理念有清晰的认识,相信自身的专业性,树立和家长沟通的信心。

2. 先扬后抑,正面沟通

要肯定家长对幼儿教育的重视和付出,以及幼儿所表现出来的长处,再适时地指出家长的教育理念存在的偏差,探讨有效的教育方法。

3. 展现专业,建立信任

教师要从专业的角度向家长解释幼儿园教育活动的目的和意义,体现自身的专业性,获得家长的认同和理解,同时建立自身指导家长的自信。

教师与家长讨论

(三)意外事件的沟通

案例:孩子在幼儿园摔了一跤受伤了,家长情绪激动,提出了一系列的不合理要求,如要整容费、营养餐、照顾孩子的误工费,以及教师承诺孩子今后在幼儿园不会再受伤等。

1. 主动承担,表达诚意

幼儿在园内意外受伤,教师必须主动承担责任,向家长表达歉意,不能推卸责任。

2. 倾听宣泄,家访沟通

面对家长过分激动的情绪,教师要表示理解,给予家长情绪宣泄的机会,耐心倾听家长的需求,还可以主动家访,让家长感受到老师的关心和面对问题的诚意。

3. 坚持原则,法律保护

在与家长沟通的过程中,对于家长不合理的要求,教师要坚持原则,必要时可以使用法律武器来保护自己,从而避免家长提出更为过分的无理要求。

五、家长沟通技巧小贴士

(一)尊重是教师与家长沟通的前提

尽管在教师与家长的关系中,教师起主导作用,但两者在人格上是完全平等的,不存在尊卑、高低之别。因此,教师必须尊重家长的人格。不要动辄就向家长"告状",不要当众责备他们的子女。作为教师,更不能训斥、指责家长,不说侮辱家长人格的话,不做侮辱家长人格的事。尊重别人是自尊的表现,也是得到别人尊重的前提,正如常言所说:"敬人者,人恒敬之。"

(二)充分发挥语言艺术的魅力

语言是心灵的窗户,是一个人综合修养的反映。教师在谈话中应该表现出语气婉和、语态真诚、语调亲切、语势平稳,使家长一听就能明白,能从教师的谈话中受到启发。批评的话语也要婉转,并体现出教师的专业性。

(三)倾听是教师与家长沟通的艺术

与家长交流,要懂得倾听,不能以"教育权威"自居,一味讲述自己认为的大道理。这样的交流只是片面的交流,不利于教师掌握更多的信息。甚至有可能教师自身也存在错误,但自己发现不了,因为当局者迷,这时只有懂得倾听,才能发现更多,才能更加全面地分析问题,解决问题。

(四)真情感动,相互理解

用真诚的语言和行动与家长沟通,以诚感人,以情动人。教师一定要理智地面对家长,控制自己的情绪,要从家长疼爱孩子的角度理解家长的心理,从关爱孩子的角度谈论问题,不卑不亢,理性地与家长沟通。

第五章　家长工作开展中的反思与总结跟进

第一节　家长工作的文案撰写

一、家长工作文案撰写的必要性

但凡能事半功倍做成一件事，都要有一个明确的计划，明白要做什么，怎么去做，所以计划有如做事的利器不可或缺，它不在于繁与简，而在于清晰明确，充分发挥对工作的指南作用。

各项家长工作的计划与方案是幼儿园家长工作的重要环节，是教师开展家长工作的依据和具体行动的规划，能有效促使教师将工作目标清晰、有目的地落实到实践之中；减少教师开展工作中的不确定性，找到一种方向感。

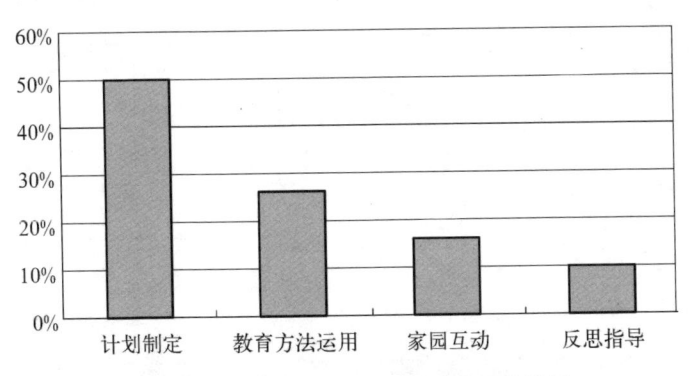

家教实践中面临的最大挑战的教师调查结果

在对荷露幼儿园教师的一次期初调查问卷中,教师反映,在家教实践中面临的最大的挑战是:① 文案制定的合理性、准确性;② 教育教学方法在家长工作中的运用;③ 家园互动的方式方法;④ 缺乏反思与指导。所以合理地制定计划是重中之重。

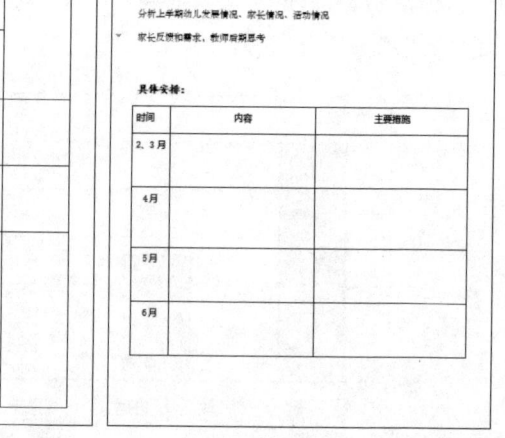

二、家长工作计划与小结

(一)家长工作计划的撰写

家长计划本身是对家长工作进度和质量考核的标准,所以计划对工作既有指导作用,又有推动作用,做好家长工作计划是开展家园工作的基石,能够提高家园合作的效率。

1. 家长工作计划的格式

计划的名称包括计划期限和班级名称。计划的具体要求包括家长工作的目的和要求,工作的项目和指标,实施的步骤和措施。

2. 家长工作计划的内容

首先,情况分析能够看出教师对班级幼儿和家长的了解程度(家

上学期家长工作计划表示例　　　　**下学期家长工作计划表示例**

长的优劣势、幼儿的优劣势）；其次，学期具体目标分为家长工作总目标（可以围绕教育理念、育儿知识、家园合作质量进行目标制定）和具体目标（根据班级家长和幼儿的情况分析进行有针对性的目标制定）；再次，学校家教重点工作与特色指导要写明；最后，具体内容（每月逐步推进，每月有侧重）与措施（多元家园互动形式）帮助教师有目的、有方向地把家长工作落实到实践之中。

> ❖ **温馨提示**
>
> 下学期家长工作计划，需根据上学期家长的反馈和家长小结，做出跟进性的补充和针对性的措施。

（二）家长工作小结的撰写

学期末小结是把一定阶段内的有关情况作分析研究，得出指导性结论的书面材料，它有助于教师寻找工作和事物的发展规律，从而掌握并运用这些规律。家长工作小结主要围绕一学期的重点工作内容、幼儿发展情况、家园合作、亲子活动、家长给出的反馈、教师思考得出的结论，以此弥补不足，积累经验，为下学期家长工作做更好的准备。（具体撰写可参考附录十 2021年度第一学期大×班家长工作计划与总结）

三、家庭教育指导案例的撰写

（一）家庭教育指导案例的含义

家庭教育案例研究是以某一事件或现象为研究对象，通过观察、记录、反思等方式进行反复分析，研究事件所折射出的家庭教育问题，提出家庭教育建议或指导意见，并最终揭示其内在规律的教育科学研究过程。它反映了家庭教育事件发生、发展、演变的过程。通过对这些典型事例的分析，以家庭教育的视角提出解决问题的办法和思路。家庭教育案例研究是一种通过研究个体反映总体的研究方法。

(二)家庭教育指导案例的价值

1. 作为个人反思的载体

通过案例研究记录下对事件的最初印象,形成自己的反思札记。包括以家长视角进行的案例研究,反思自己在幼儿教育过程中的行为;以教师视角进行的案例研究,解读幼儿行为,提出家庭教育建议,分析反思教师指导家庭教育的成效。

2. 作为他人学习的范例

典型案例往往选择的是在众多家庭教育事件中大家有较多感悟的案例,这类案例能够彰显教师的教育情感和教育艺术,是树立教师教育理念、转变家长教育观念的范例。

3. 作为系统研究的素材

典型事件的案例研究分析可以作为幼儿园课题研究的素材,寻找出整个幼儿园家庭教育的倾向性问题,归纳出已有的成功经验。在此基础上形成幼儿园今后改进家长工作的指导性意见,将好的经验推广,好的做法成果化。

(三)家庭教育指导案例的主要特征

1. 真实性

案例必须是真实的,是幼儿一日生活或家庭教育中发生的某一件事,而不是虚构的小故事。

2. 情境性

能反映出事件发生的特定教育背景,即特定的教育情境。

3. 完整性

要说明事件所发生的时间、地点、参与者,及对事件的处理策略和处理结果,生动完整地呈现教育事件的全过程。

4. 典型性

案例所反映的事件和教育问题在一定程度上能够折射出大众教育观念下所存在的家庭教育的普遍问题,是具有典型性的教育事件。

5. 启示性

案例所反映的教育事件能反映教师或家长的态度、动机、理智、困惑、需求等，能够从此事件的剖析加深对相关事件的理解，案例对别人有启发意义。

6. 指导性

教育案例对家庭教育问题的解决方法有较先进的思路，有理性的分析和科学的思考，对教师的家长工作指导和家长的教育行为有普遍的指导作用和推广价值。

（四）家庭教育指导案例的类别

1. 按案例的撰写者身份分类

观察者案例：教师作为一个或多个事件的研究者，写基于幼儿问题引发的家庭教育的故事。

参与者案例：家长作为一个或多个事件的亲历者，写自己在幼儿家庭教育中发生的故事。

2. 按故事发生方式和写作风格分类

故事描述类案例：教师教育生涯中的一件难忘事件，或家长育儿过程中的一件体会很深的事件。作者通过回忆把事件的发生发展过程用叙事性的方式生动地描述出来。

问题解决类案例：提出问题并依据有关理论和实际情况，通过行动用适当的方法解决问题，最终得出结论，并能获得家长工作指导或家长育儿行为的启示。

（五）家庭教育指导案例的文本形式

教学案例的撰写没有规定形式，目前常见的有：

① 夹叙夹议的叙事研究式文本；

② 实录＋评析式文本；

③ 简略形式的文本（背景＋过程＋评析）；

④ 综合形式的文本。

（六）家庭教育指导案例的写作要求

1. 案例的标题

（1）以观点来确定标题：把事件所要折射的理念和观点作为案例的标题，如《家庭是培养孩子责任心的摇篮》《多给孩子一点尝试自主的空间》。

（2）以主题来确定标题：把事件中包含的主题提炼出来作为案例的标题，如《化解幼儿在园生活的恐惧》。

（3）以事件来确定标题：以案例呈现的事件作为案例的标题，如《哄堂大笑之后》《当发现一等奖作文是抄袭之作》。

2. 引言

引言也是开场白，主要是简单描述事件的大致场景，概述事件可能涉及的家庭教育主题。

3. 背景介绍

案例中的事件是发生在一定的时空背景下的，因此这部分着重介绍的是案例发生的前因，也就是为什么要记述此案例，帮助阅读案例的人了解事件的起因和发展。

4. 描述主要事件全过程

主要事件发生的起因、事件的内容、矛盾冲突的焦点、人物、当事人的观点等，即对事件发生、发展、结尾的完整描述。重点描述事件是怎样展开的，当时人们是怎样看待的，采取哪些解决的方法，结果怎样。

5. 判断分析或问题的探讨

对事件与解决方案的分析、评议、反思。这一部分内容的主要作用是引起讨论，使人们从案例中引发理性思考，得到启示，可以运用一些教育理论来进行阐述。分析评议要准确、精到、深刻。

（七）撰写案例时的注意点

① 叙述角度可以用第一人称，也可用第三人称。

② 注重突出问题（矛盾冲突）的焦点，揭示其两难性、启发性。

③ 反思一定要与事件有内在联系。

④ 叙述中不要侵犯别人的隐私，不能用出现教师禁用的语言。

⑤ 一个案例的字数一般在3 000字左右。（具体撰写可参考附录十一　家教指导案例："孤独边缘"幼儿的成长点滴）

四、家庭教育课题研究

（一）家庭教育课题研究的含义

家庭教育课题研究是在高层次水平上开展的家长工作指导，以科研的思路去重新审视幼儿园家长工作，发现问题、思考问题，形成解决家庭教育问题的指导策略，并通过实践使其得到验证与完善，从而使幼儿园家长工作逐步向最优化方向发展，同时也使教师专业水平得到提升与飞跃。

首先，家庭教育课题是一个问题，是在一段时间内需要关注和解决的真实存在的家教工作现实问题。研究的目的就是在解决问题的过程中，分析问题的本质和问题存在的原因，寻求问题解决的路径，总结有益的经验。

其次，家庭教育课题是一个愿景，是在先进教育理念、教育价值观、教育理想的驱使下对所向往的教育教学的憧憬和勾画，是在一段时间内需要努力去构建和打造的工程，如某种家教特色、家教指导模式的构建等。

再次，家庭教育课题是一个主题，为教师在日常教学中记录的教学案例、反思、论文、随笔等实践思考提供一段时间内相对集中的主题、贯穿的线索，使日常的点滴研究主题集中，方向明确，目标清晰。

（二）家庭教育课题研究的类型

1. 以幼儿发展为主题

从幼儿的身心发展存在的问题出发，确定幼儿身心发展中的弱点与不足，问题的存在与家庭教育的关系，研究家庭中对幼儿某一品质的培养和指导家庭教育对幼儿品质的培养。

2. 以家庭教育问题为主题

从幼儿家庭教育中存在的问题出发，确定家庭教育的正确理念，研究指导家长避免问题发生和克服问题，促进家庭教育有效的方法。

3. 以家庭教育指导为主题

从家庭教育指导过程中存在的问题出发，分析影响家庭教育指导工作实效的问题，研究管理者组织和引导教师开展家长工作，教师有效指导的方法与策略。

4. 以特定类型幼儿家庭教育为主题

从对家庭、幼儿园、社会的现在或未来产生重要影响,已经形成某种稳定特征或造成某种后果的幼儿出发,研究对这类幼儿的家庭教育方法及教师对这类家庭的家庭教育分类指导的方法。

5. 以某一类型家长家庭教育为主题

从对幼儿发展带来不良影响或特殊结果的具有某种特点的家长、家庭或家庭教育出发,研究教师基于其特点给出具有针对性、有实效的指导方法与策略。

6. 以某一类型教师专业成长为主题

从引起家长特殊的态度,或对家教指导工作开展和效果产生一定影响的具有某一特征的教师出发,研究管理部门和管理者根据这类对象的特征培养、引导和管理,以促进家长工作开展实效的措施。

7. 以组织管理者为主题

从家庭教育指导工作的组织管理者出发,研究组织管理者专业素养的提升,适应家庭教育指导工作需要,推动家庭教育指导工作实效的自身发展与管理方式。

8. 以家庭教育环境影响为主题

从对家庭教育和家庭教育指导直接发生作用,且可以得到创设和改善的物理环境和心理环境出发,研究环境对家庭教育的影响作用,创设与改善环境的途径与方法。

9. 以社会大背景的影响为主题

从社会大背景的某一新变化对家庭教育和家庭教育指导将带来的影响出发,研究基于社会背景的影响家庭教育和家教指导的对策。

(三)家庭教育课题研究的选题

1. 课题名称的确立

课题名称要用一句话将课题涉及的各要素的具体特征反映出来,也就是根据家庭教育研究的理论框架,对家庭教育课题涉及的主要因素,如幼儿、幼儿发展过程、家长、家庭教育过程、家庭教育的指导者、家庭教育指导过程、家庭教育指导的组织与管理者、组织与管理过程、环境、社会背景等一一界定，根据对要素的界定，从要素的特征中提炼出课题。

2. 选题的基本原则

（1）价值性原则。家庭教育课题选题的价值性原则包括方向性、针对性和普遍性。方向性是指家庭教育课题的选题方向要符合幼儿发展的基本规律和家园共育的发展方向，选题要能促进幼儿园教育和家庭教育的共赢，产生有益的价值。针对性是指选题要针对家庭教育及家教指导过程中的不良倾向、薄弱环节和突出矛盾，有满足现实需求的实际意义。普遍性是指选题还要考虑其研究成果的客观规律性和推广的普遍性，要思考课题成果的社会价值。

（2）创造性原则。家庭教育课题选题的创造性包括独创性、再创性和自创性。独创性是指要提出未被提出过的家庭教育或家教指导新问题，涉足无人涉猎的新的研究领域，创立新的家庭教育理论体系或家庭教育指导模式等。再创性是指在已有的研究课题基础上组装、分解和改造，或在新领域、新情境等实践中创新，生发出新课题。自创性是指对自我发展有利的，前所未有的研究。

（3）可行性原则。家庭教育课题选题的可行性原则主要是看研究者的知识结构、研究能力、品格素质、特长兴趣等主观条件和资金设备、文献资料、协作条件、家庭支持、社会环境等客观条件是否具备。同时要看选题的难易水平是否能保证研究的顺利完成。

（四）家庭教育课题研究的思路

1. 制订研究方案

确定了家庭教育课题研究的选题之后，研究者的首要任务是根据课题的要求、幼儿园家庭教育指导实践、家庭教育现状实际和研究者的能力制订一个反映家庭教育课题研究思路的、统领家庭教育研究和实践全过程的有实践价值和意义的可行性研究方案。一个比较完整的课题研究方案一般包括：课题的名称、选题的背景和意义、课题研究的目标、课题研究的主要内容、课题研究的方法、课题研究的实施程序、课题研究预期的成果等基本内容。

2. 把准课题目标

家庭教育课题的研究通常都是和家庭教育实践同步并行的,因此必须把握好课题研究目标和家庭教育指导目标之间的关系。家庭教育指导实践的目标是提高家庭教育的质量,而家庭教育课题研究的目标是揭示家庭教育指导工作的客观规律。家庭教育实践的指导目标一般包括提高家长的认识,帮助家长掌握育儿方法,提升幼儿的能力等方面。那么家庭教育课题研究的目标则应该是怎样指导才能提高家长的认识,掌握培养方法,提升幼儿能力。具体研究目标为对家长提出哪些要求、指导哪些内容、采用哪些指导形式、组织哪些指导活动等。对实践目标和研究目标分析后,研究目标可以表述为"通过……研究,探索……规律,从而达到……目的"。

3. 明确研究内容

为了达成研究目标,需要通过对研究目标的分解提出研究总目标下涉及哪些具体的研究内容,即子目标,通过子目标达成总目标。

首先,课题研究内容包括对现状的调查与分析。家庭教育指导的直接对象是家长,因此家庭教育课题研究中必须了解家长的教育观念、教养态度和教育行为,通过分析帮助研究者明确家庭教育课题研究的重点内容和重点对象。此外,家庭教育的对象是幼儿,因此了解幼儿能力发展的薄弱环节,分析幼儿之间的个体差异,能为家庭教育和家庭教育指导确定重点,为家庭教育课题研究确定重点对象。

其次,包括基于现状成因的指导措施探究。对影响幼儿发展或家庭教育的因素及原因剖析,针对原因提出家庭教育的有力措施,提出家教培养方法的具体建议,形成对幼儿教育及家庭教育指导的重要内容。

再次,包括总结实践经验和成效。家庭教育课题研究应该是应用性研究,不仅要提出问题,更要解决问题。因此家庭教育课题研究要呈现家庭教育、家庭教育指导的经验,总结幼儿、家长、教师在家庭教育课题和实践中的发展实效。

4. 选择研究方法

家庭教育课题研究过程中一般会涉及"情报研究""调查研究""经验总结"和"实验研究"四种基本方法。其中"情报研究"和"调查研究"是为了收集研究数据资料,具体的研究方法有调查法、观察法、测量法、文献法等。使用这些方法是为了获得研究对象的客观资料,而不对研究对象产生任何影响。"经验总结"和"实验研究"是改变和影响研究对象的方法,是通过施加某些干预而获得某些期望的结果。具体方法有实验法、行动研究法、案例分析法等。

5. 规划研究进程

家庭教育课题研究的进程也就是课题研究在时间和顺序上的安排。研究的进程要充分考虑目标的达成和内容的落实。每一阶段从什么时候开始到什么时候结束,具体有哪些参与研究的成员,各负责哪部分研究工作,要达成什么研究目标和内容都要有明确具体的规划。一般分为三个阶段,分别是准备阶段、实施阶段和总结阶段。

(1) 准备阶段。准备阶段主要是通过文献研究和实践现状调查对家庭教育课题提出的背景、课题研究的理论基础、可行性、必要性以及课题研究的内容方向进行全面的论证。主要包括提出核心概念和基本观点,完成课题立项论证及前期文献情报综述和现状调查报告。

(2) 实施阶段。这一阶段主要是研究方案的实践过程,也就是行动研究的过程,即依据初步提出的课题研究方案,立足幼儿发展、家长、家庭教育、家庭教育指导等实际现状,将课题研究方案中提出的研究假设在家庭教育实践指导中进行尝试,在实践中反思、调整、探究,总结每一点行动研究的经验。主要包括实践探索、收集数据和资料、对研究过程中存在的问题进行探讨提出解决方案,通过家庭教育实践指导形成家庭教育课题研究阶段性成果,形成课题中期研究报告,完成课题研究中期论证。

(3) 总结阶段。总结阶段也是课题结题和推广课题研究成果的阶段。主要是根据研究内容收集、整理、归纳研究的过程性资料,进一步理清各阶段研究成果,进行总结和提升,形成课题研究成果报告,召开成果汇报会,推广课题研究成果。

(五)家庭教育课题研究成果的撰写

1. 题目

一般都采用研究项目即课题的题目作为研究成果报告的名称。题目一般包含研究对象、研究内容和研究方法三要素,题目要和研究内容一致,题目的表述要完整,避免用非公知公用的缩略语、字符、代号、口号式、结论式表述,以不超过20字为宜。

2. 摘要

摘要又称为提要,是对成果内容的准确概括。摘要要求精炼、明确,用简明扼要的文字对成果的主要观点、内容加以介绍。摘要要用第三人称表述,不要加评价性的语句。

3. 关键词

关键词属于主题词,是文章中最关键、起决定作用的词语。它是文章内容、观点、涉及的问题和类别等方面的标志和提示。一篇文章关键词的个数根据文章内容需要可多可少,一般3~8个为宜。

4. 引言

引言亦称前言、引论、绪论、序论或导论,是研究报告的开头部分即开场白。主要是提出问题、明确中心论点或阐明研究的原因、目的和方法,或介绍研究的背景、范围及意义,以使其他人对论述的内容先有个概括的了解。内容包括课题的提出、研究的意义、国内外相关研究现状、问题及发展趋势、研究所要解决的问题。

5. 正文

正文是研究报告的核心部分,又称本论,正文部分主要论述研究的对象、过程、方法及结果和分析,是表达见解和研究成果的中心部分,占研究报告的绝大部分篇幅。研究对象和方法过程主要介绍课题研究的设计、研究对象的取样、研究资料的收集与处理方法、研究的实践进程,目的是概述研究的全过程,以便以此评价研究的科学性、正确性。研究的结果与分析是研究报告的核心部分,一般用文字、表格、图片等多种形式描述研究的结果,将定量和定性分析结合起来,对研究实践中总结的做法、经验、策略等进行描述。

6. 结论

结论是研究报告的结束部分,它起着画龙点睛的作用,是整篇研究报告的归结。它不是研究结果的重复,而是经过综合分析,由表及里地阐述研究解决的实际问题,带来的实际效应。与前言相呼应,使研究报告首尾呼应。结论要措辞严谨、准确、鲜明。

7. 注释

在研究成果中引用相关文献或他人的研究成果和观点,都需要采用注释的方法加以说明。引用原文要用引号""注明,引用原意则要在引文前面加冒号注明。注释一般有三种方式:① 夹注,又称文中注、段中注,即在引文后用括号表明出处和转引处。② 脚注,又称为页下注,即在当页正文下方注明引文出处,用序号排列,用细线与正文隔开。③ 尾注,又称文尾注,即按序号统一编排引文出处置于研究报告的基本项后面。引文注释的格式:［序号］主要责任者,文献题名［文献类型标识］,出版地:出版者,出版年,起止页码。

8. 参考文献

在研究成果报告最后列出参考文献的目的是表示对他人劳动成果的尊重,加大报告的信息量,提高报告的学术价值,他人可以以此为线索查阅资料原文。一般应列出研究过程中和形成研究成果的过程中主要参考过的著作和文献。参考文献的格式与注释的格式相同,文献的排列顺序以对研究所起到作用的大小和主次而定。

9. 附录

附录一般是研究过程中与研究成果相关的说明性文件,包括各类调查表格、原始数据、研究记录等。

第二节 家长工作的监测与评价

一、家长工作监测与评价的意义

幼儿园办得好不好,孩子发展得棒不棒,究竟由谁说了算?让家长参与管理,家长就应该获得参与评价的权利。因此,幼儿园每个学期都要向家长发出幼儿园保育工作管理、教育教学管理、后勤工作管理等各方面评价调查表,让家长给幼儿园各项工作进行评价,使家长真正成为幼儿园的主人。

《幼儿园指导纲要》特别强调教育要尊重孩子的个体差异,主张通过集体、小组、个别等多种活动形式,因材施教,从而使每个孩子都获得适宜的、和谐的发展。这就要求教师和家长正确地评价孩子的发展。事实上,许多家长都是以成人的标准来衡量孩子的,他们采用更多的是横向比较。如何改变这一现状?可根据家长的情况,举行"如何看待孩子的发展"讨论会,邀请幼儿教育专家和家长进行对话。在改变家长的观念的同时,幼儿园在开展每个主题后,根据主题要求,设计好相应的幼儿发展评价表,通过网络请家长参与评价。如此,家长更了解幼儿,教师更了解家长,家长也更了解教师。而看到孩子的成长,参与对孩子的评价,则使家长的主人翁意识增强了。

二、家长工作监测与评价的形式

家长工作的监测与评价分为自评与他评两种形式,他评包括园内领导班子组、评价小组、全体家长、家委会等对家长工作的评价实行量化,只有量化,才会有数据,有了数据才会有依据,才能实行绩效考核。而自评则是教师对文案和家长活动进行自我考评,但由于自我考评容易受到个人的多种因素的影响,使其有一定的局限性,所以其在总体评价中,一般自评考核分比重不大。

三、家长工作监测与评价具体操作及工具

(一)教师评价

为保障文案监测的全面性和合理性,监测考评小组有来自上级的领导层,也有合作共事的班组,更有服务对象的参与,以此全面公正地评价个人和班组工作。监测考评小组针对家长工作计划与小结、家庭教育教学案例、家教征文、家园活动等进行了文案查阅。

1. 家长类文案的建议式评价

注重专业人员对文案质量的诊断，及时评价家长文案撰写的问题，以专业的视角评价，达到更客观、更公平、更专业的评价意见和诊断意见。

（1）评价主体：文案监测小组。

（2）评价对象：全体在职教师。

（3）评价的组织：

① 成立文案监测小组（家教组、领导层、班组）。

② 召开监测小组和保教组互学会议，了解家长文案的监测评价标准。

③ 监测小组进行文案工作的人员安排。

（4）评价的实施：

① 教师根据评价指标进行自我评价。

② 监测小组分工查阅与考评。

③ 监测小组反馈评价建议。

④ 教师修改调整进行综合评价。

（5）评价的工具。任何文案的监测评价都有一个指标体系作为

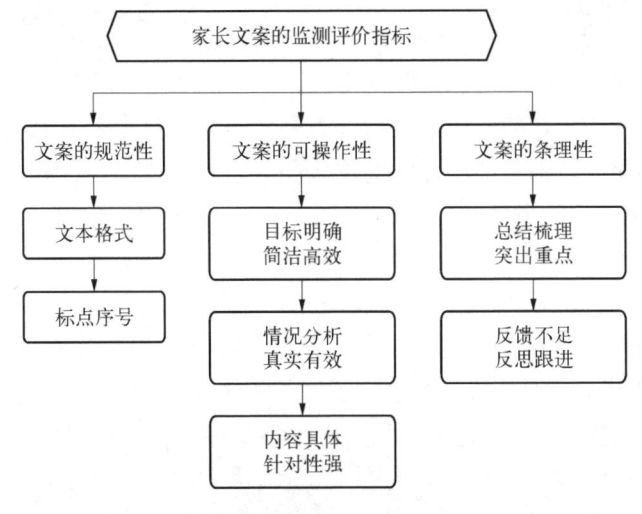

家长文案的监测评价指标
- 文案的规范性
  - 文本格式
  - 标点序号
- 文案的可操作性
  - 目标明确 简洁高效
  - 情况分析 真实有效
  - 内容具体 针对性强
- 文案的条理性
  - 总结梳理 突出重点
  - 反馈不足 反思跟进

家长文案监测评价指标

它的直接依据,确定合适的家长工作内容,要依据相应的幼儿和家长的实际情况。因此,我们将家长工作文案的监测评价分解转化为具体的、可实际观测的评价指标。

教师文案查阅与考评(家长小结)   时间:2021.9

班级	评价与建议	自评10分	他评10分	评价者
小一班				
小二班				
小三班				
小四班				
中一班				
中二班				
中三班				
中四班				
大一班				
大二班				
大三班				
大四班				

文案查阅考评表

教师文案查阅与考评(家长小结)   时间:2020.1

班级	评价与建议	他评10分	评价者
小一	多形式的开展与家长的沟通工作,条理清晰。能将学期中亮点的内容细化。 建议:家长沟通通过案例体现。	9.2	刘晶莹
小二	小结中的家园沟通能围绕班级的具体目标进行实施,能通过不同的措施以及具体本学期中具体的事件进行分析和跟进。 建议:有针对性的案例体现。	9.3	刘晶莹
小三	小结中体现出丰富的家园沟通方式方法,有具体案例,但是缺少家长的活动反馈便于后期跟踪。 建议:将活动进行小结题提炼。	9.3	刘晶莹
小四	最好能将内容以框架方式进行梳理,能够有小标题梳理使得小结清晰又聚焦。 建议:能结合园本活动进行梳理进行反馈和调整。	9	刘晶莹
中一	小结中能梳理本学期的家长工作重点,以多种形式与家长之间沟通交流,并有下阶段的调整和思考。 建议:将能以框架的方式提炼阶段成果。	9.2	顾莹
中二	小结能与计划匹配,与家长互动的形式梳理比较多样和清晰,利用多种平台拉近家园的桥梁。 建议:在小结中能呈现下阶段的调整与反思。	9.3	顾莹
中三	能够根据班级家长计划有针对性的进行小结和梳理,用文字标题梳理让小结清晰又聚焦。 建议:以小标题的形式对下阶段家长工作有所调整和反思。	9.3	顾莹
中四	在小结中能体现多种家园沟通的方法与形式,并有具体的跟进措施。 建议:在小结中能加入案例的方式呈现。	9.2	顾莹

文案查阅考评表填写示例

2. 案例与征文的互学式评价

通过多元化的专业指导帮助教师积累案例撰写的方法和经验,其目的是使教师间形成互学共进步的学习状态,提高教师撰写的能力,加强文案的质量。

(1) 评价主体:征评价小组。
(2) 评价对象:全体在职教师。
(3) 评价的组织:
① 成立征文评价小组(课程组、家教组、领导层)。
② 确定主题(讨论家教热点)。
③ 提供资料,开放活动。
④ 教师自主报名。

(4)评价的实施：

① 撰写前的培训(邀请专家进园培训,有经验的教师反哺培训,活动项目负责人介绍活动内容及要求)。

② 初次尝试撰写(无抄袭,根据要求撰写)。

③ 二次评价反馈(征文小组与撰写人进行私下反馈,邀请专家一对一指导)。

④ 修改调整完善(根据反馈建议调整文案)。

(5)评价的反馈：

① 开展案例征文分享会。

② 教师案例分享(互相学习,积累经验)。

③ 教师结合个人教学经验说感受。

(6)评价的工具：

① 选题(20%)：选题具有新颖性,属于无人涉足的学术或实务范畴,或者学科前沿的理论探讨,或者老问题的新视角考察或新技术新方法的运用,或者域外新理论、新观点的引进推广等。

② 论证(20%)：结构严谨,层次分明,富有逻辑性,剖析问题全面,资料翔实,论据充分,能够支持文章论点。

③ 创新性(20%)：属于前沿性、原创性文章,表达出新见解、新观点,或在某一方面、某一点上能给人以新的启迪。

④ 研究方法(20%)：使用的研究工具和手段具有科学性、实用性和多样性,能推动发现新现象、新事物,或提出新理论、新观点,揭示事物内在规律。

⑤ 写作规范(20%)：文字优美,语言流畅,表达清晰,遵守学术道德,符合学术规范。

(二)家长评价

1. 感受式评价

感受式评价以家长的亲身感受为基础,通过日常的走入幼儿园、走进课堂和家园联动教研等活动,以第一视角现场体验活动后产生的一种评价行为。

（1）评价主体：幼儿园家委会。

（2）评价对象：幼儿园大活动、家长沙龙、特色课程活动、家教活动、集体教学活动、膳管会活动、环境创设体验活动。

（3）评价时间：每月一次。

（4）评价的组织与实施：

① 家教负责人发布通知，邀请园所家委会家长。

② 确定家长出席意愿。

③ 召开活动前的概要简会，发放评价表。

④ 家长参与活动体验。

⑤ 活动后的分享交流反馈。

⑥ 家教组梳理反馈。

2. 问卷式评价

用统计的方法来归纳、整理问卷调查的结果，问卷形式可以是表格式、卡片式或簿记式。

（1）评价主体：所有在园幼儿的家长。

（2）评价对象：对幼儿实际发展现状和需求的调查，对园所评价的调查，对家教活动内容前期的调查，对家教活动满意度的调查。

（3）评价时间：年度调查为一学期一次，活动内容调查以活动安排时间为准。

（4）评价的组织与实施：

① 教师发布问卷通知告知家长。

② 家长根据实际情况如实填写。

③ 教师收集问卷。

④ 家教组统计调查结果。

⑤ 家教组梳理反馈。

3. 案例式评价

在家教活动中某一个活动内容或活动方面含有代表性和重大意义的典型事例，家长可以较详细地描述具体内容，包括人物、场合、过程、结果所引发的思考和感受。

(1) 评价主体:所有在园幼儿的家长。
(2) 评价对象:家教沙龙、亲子活动、专题讲座、学校大活动。
(3) 评价时间:以活动时间结束为准。
(4) 评价的组织与实施:
① 园所发布活动通知和内容。
② 家长自主报名参与。
③ 家长体验现场活动。
④ 家长根据实际情况填写感受。

附家长反馈表:

《家园合作中的误区及对策》网络专题指导反馈表

话题讨论7	"亲子任务就是家长的任务吗?"	班级		幼儿姓名			
序号	评价内容			评价			
				好	一般	差	
1	您觉得活动内容的设计如何?						
2	教师指导方法是否有效、操作性强?						
您的建议或设想							

家长姓名:　　　　　与幼儿的关系(如母子):

附家长问卷和结果：

2020第一学期期末家长问卷分析

本次问卷发放给12个班级，共回收492份问卷，回收率100%。

一、对于幼儿园的工作方面

满意率90%以上：家长对于幼儿园的环境、设施，为家长服务项目明确，教师平时对待孩子的态度，收费合理规范，定期公布代办费，伙食状况质量，对幼儿园的总体印象均是90%以上，可见对于这些方面，家长们还是很满意的。

满意率80%以上：家长对于与园长沟通渠道通畅，与家长联系工作经常开展、形式多样，老师对孩子身心发展了解程度，为孩子创设表现能力的机会，定期向家长反馈教育信息，听取家长的意见满意率是80%以上，这些方面还有待于进一步沟通和提高。

极个别的家长认为与家长联系、为孩子创设表现能力的机会、定期向家长反馈信息、幼儿园伙食质量等差。

二、对于幼儿的发展方面

发展快和较快占80%以上：适应集体生活、动作发展、自理能力、生活卫生习惯、语言表达、文明礼貌、总体评价均是80%以上。总体上家长是非常肯定孩子各方面的进步的。

发展快和较快的占70%以上：身体健康占70%以上。新小班刚入园第一学期是需要一段适应的过程的。孩子通过生病不断提高免疫力。

在家长的希望和建议中，对于学校有很多的肯定，对于孩子的进步也提出了很多表扬。同时，家长也提出了这些想法：

1. 希望多开设知识性，比如汉字、拼音等基础知识内容。
2. 多增加与家长的沟通。
3. 希望班级幼儿少一点，班级多一点。
4. 认为午睡休息处有霉味，通风较差。
5. 希望每个季度都有老师对儿童的简短评价和教育建议。
6. 希望外出的时间多一些，设置参观工厂或企业单位的活动，让孩子多了解生活环境。

7. 希望在家可以看到幼儿园的动态。

8. 希望开设兴趣班。

9. 希望开设幼小衔接课程。

10. 希望能让家长更好地了解孩子在学校的情况,如录制视频、写下孩子每天的表现评语。

11. 每月了解课程与培养总结,了解下月课程与培养计划,以便家长在家有针对性地辅导。

12. 希望能布置一些小朋友能完成的作业,否则都需要依靠家长完成。

13. 环境装修再好点,伙食再好吃点。

三、建议反馈

有些问题需要反复与家长宣传和沟通,比如幼儿园是不允许开设兴趣班,教拼音、汉字的。

对于增加与家长的沟通以及不同的形式,每学期都是有计划地实施的,如果部分家长想增加与老师的沟通也可以与班级老师直接联系。

对于幼儿园的作业或者需要家长亲子配合的,配合的意义可能并没有很好地传达给家长和使他们理解。

外出的活动由于目前制度和规定所以在操作方面是有局限性的,希望家长能够理解。

对于幼儿的评价,我们下学期会开展"成长记录"的方式,记录孩子的发展情况。

对于环境和伙食的问题,大部分的家长还是很肯定的,个别的家长可能会有一些误解,需要解释。

课程的培养计划已经和各班老师沟通,能够定期发布一些课程内容,以便家长及时了解。

对于极个别项目评价差的家长可能存在一些情绪和误区,希望老师能够及时排查,沟通了解。

附家长案例式评价：

垃圾分类中的幼儿成长

习近平总书记来上海视察时曾说到垃圾分类就是新时尚。自2019年7月1日《上海市生活垃圾管理条例》实施后，每家每户都参与到了垃圾分类这件大事中，家里的小成员也不例外，想要培养良好的环保意识还真需要从娃娃抓起。作为家长更是要以身作则成为一个好榜样，教导孩子垃圾不乱扔、垃圾要分类的道理。有些垃圾其实就是放错位置的资源，就像可回收垃圾，它就可以通过再生循环进行再利用，这样不仅减少了资源的过度消耗，而且对环境的保护也意义非凡。为了更简单明了地教导孩子如何进行垃圾分类，在家中我们购买了桌面垃圾分类游戏道具，通过游戏的形式提高他的参与兴趣，让孩子在寓教于乐中学会垃圾分类。在垃圾分类的学习过程中，不仅增强了孩子的环保意识，我们也发现了他的学习能力也提升了不少，他懂得了思考，学会了举一反三。动手能力和归纳整理的能力也得到了进一步提高，在分类的过程中也变得更加有耐心了。垃圾分类是利国利民的一件好事，我们都应该支持并积极参与其中。

小一班　煜宸妈妈

孩子在练习垃圾分类

附录一 教师家长工作"学、做、思"的特别之"术"

一、家 访

问：家访时教师应该注意哪些问题？

答：围绕主题进行沟通，适时引导话题，交代事件，简明扼要。① 老师态度要真诚、亲切，言辞得当。切勿把家访当成"控诉会"。当反映幼儿在园的情况时，不要一味地强调幼儿的不足，要循序渐进，让家长有方法与学校家园同步教育和改善。② 家访时注意避开孩子午睡、家庭用餐时间。③ 仪表得体，服装不暴露，鞋子穿脱方便。（建议带上鞋套）④ 不打听对方的家庭隐私，不随意走动。

问：新生家访时如何在短时间内了解孩子的优缺点？

答：家长谈话时要问题清晰，切不可漫无边际的闲聊。① 家访时孩子最好在家长及老师的视线范围内，老师可以通过幼儿行为和家长口述的情况，更全面地了解幼儿基本情况。② 家访要有方向和目的，新生家访可以从幼儿基本情况（性格特点、生活习惯、自理能力）和家庭教育情况（家庭结构、家庭教养）进行交谈。③ 家长回应时，老师应神情专注、热情回应，认真倾听并做好记录，作为日后跟踪幼儿发展情况的依据。

问：新生入园家访教师应该怎样和幼儿交流？

答：由于是新生入园家访，对幼儿和老师来说彼此都是陌生的，小班年龄段的幼儿语言表达能力尚不完善,无法建立适宜的交流。① 主动与幼儿打招呼,相互介绍,拉近距离。② 从幼儿兴趣点入手,寻找共同话题。③ 当幼儿拒绝与老师交流时,老师给予幼儿空间,不勉强交流。

问: 孩子在幼儿园受伤了,该如何进行家访?

答: 如果孩子伤处严重,在及时处理好患处后,有需要时及时送医并马上与家长沟通。站在家长的角度,以委婉的沟通方式当面让家长了解事件缘由,对于此类情况的幼儿,需要老师上门家访了解幼儿身体情况。

突发情况家访的注意事项:① 家访必须在事故发生的当天晚上进行;② 家访前可以为受伤的孩子买些礼物;③ 告知导致事件发生的幼儿家长,请其私下向受害孩子家长致歉;④ 事后定期通过网络、电话了解受伤孩子的身体情况,直到康复来园。

二、家长会

问: 教师说得多,家长说得少,缺乏深层次的沟通交流,怎么办?

答: 家长会时可以事先预设一个小专题,比如家中如何培养幼儿的阅读习惯,请家长们互相介绍一下,或者事先邀约几个家长,大家有了共鸣后,其他家长发言的积极性也会被带动起来。

问: 小部分家长不够重视家长会,缺席或是让祖辈来代开家长会,怎么办?

答: ① 强调父母参与的重要性,引起重视。② 如果有特殊原因,父母无法参与,开好会之后,来开会的人一定要回家传达。

问: 部分家长在家长会期间出现玩手机、聊天等行为,怎么办?

答: ① 开会前老师要明确家长会要求:会上请将手机调到静音状态。② 如果是个别家长出现类似情况,可以适当提醒一下家长,请他遵守会场秩序。③ 如果是大部分家长的话,可能是会议内容不够吸引家长,要及时调整或沟通。

问：不知道家长会该说些什么，也不知道怎样说才合适，怎么办？

答：① 需要在实践中不断积累经验，多向有经验的教师学习，听听她们是如何开家长会的。② 如果要和家长沟通某一个具体问题，要事先做好准备，把自己的想法和解决方案和搭班教师沟通、达成共识后，再进行沟通。

三、家长开放日

问：家长开放日，家长们在旁观摩时，易影响小班幼儿的情绪，此时该如何应对？

答：① 以音乐或游戏的形式吸引幼儿的注意力。② 激励幼儿在家长面前积极表现的欲望，鼓励幼儿独立自主地参与活动。③ 引导家长重观察、少干扰幼儿在各种活动中的表现。④ 如有个别幼儿情绪比较严重，可以安排家长坐在幼儿的身边，来安抚情绪，待情绪稳定后再做调整。

问：家长开放日重点是让家长看什么？

答：① 看孩子：在活动中观察了解孩子的各种表现，寻找家庭教育的侧重点和切入点。须注意不仅要关注孩子认知方面的发展，还要关注孩子的情绪和社会性发展。② 看教师：从教师组织的教育活动中，了解教师的教育目标，从教师的教育行为中了解和感受幼儿教育的新理念和教育观。③ 看环境：关注幼儿园各种环境，了解儿童生活的基本环境，感受和体会环境中蕴涵的教育观念和思想。④ 看分享：家长可以主动把活动中收集到的信息、感受、困惑反馈给老师，便于更好地开展家园共育工作。

问：对于家长开放日，新教师如何处理好突发情况？

答：① 天气变化：准备室内室外两种预案，在活动开展前三位一体沟通到位。② 幼儿冲突：家长在场当下解决，了解事件发生的缘由，引导幼儿互相理解、和平解决，让家长观察幼儿交往的行为和解决问题的能力,避免误会的产生。③ 哭闹不止:引导家长坐在幼儿旁边进行安抚,待情绪稳定时通过游戏吸引幼儿的兴趣回到活动中来。④ 安全问题:第一时间联系保健老师,为受伤的幼儿进行及时的现场处理,有必要时立即送医。活动结束后与幼儿家长进行电访或家访,了解幼儿患处情况。

问: 在家长开放日的学习活动中,如何尽可能让所有孩子都有表现自己的机会?

答: 在活动内容的组织和安排上,尽量给予每个孩子表现的空间,时刻关注每一位幼儿的言行。① 游戏环节,让幼儿自主选择自己喜欢的材料和玩伴等,分享环节让每位幼儿都有所交流。② 由于半日活动的时间有限,可以通过小组合作、互动提问等形式,激发各水平差异幼儿表现的积极性。

四、亲子活动

问: 教师将亲子活动的主要内容告诉家长后,有家长说:"我对这个不感兴趣,为什么不搞体育活动呢?"该如何处理?

答: ① 告诉家长,亲子活动的内容是丰富多彩的,这次没有体育活动,可能下次会开展。② 可以先观摩其他家庭的,再亲身参与。

问: 家长认为没有必要参加亲子活动,有时间就去,没时间就不去,怎么办?

答: ① 向父母介绍亲子活动对于孩子的意义,比如,当您的孩子看到其他小朋友都有爸爸妈妈陪着学本领、做游戏,他心里会失落。② 让家长了解父母在亲子活动中的重要性:通过亲子活动,父母可以看到自己孩子各方面的发展,同时还能增进亲子间的情感交流,孩子更多的是需要来自爸爸妈妈的关注和陪伴,陪伴才是最好的教育。

问: 家长在亲子活动中不知道怎样与幼儿沟通,该如何处理?

答: ① 先让家长了解亲子活动的目的和玩法。② 老师们可以示范活动过程中与孩子沟通的方法。③ 让家长看到孩子的点滴进步,及时鼓励和肯定孩子的成长。

五、家长沙龙

问: 如何确定家教方案的内容是家长所需要的,从哪几方面思考?

答: ① 通过问卷调查,了解家长在日常的家庭教育中存在的问题。② 通过与家长沟通和交流,确定孩子最近或本年龄段普遍存在的问题或发展需求。③ 通过观察孩子日常的行为表现,发现家庭教育中可能存在的问题,确定家教方案。④ 根据《上海市0—18岁家庭教育指导内容大纲(试行)》中的内容,选择适合年龄段的家教指导方向。

问: 家长在家长沙龙过程中不愿或不敢参与怎么办?

答: ① 活动的内容要能与家长形成共鸣,让家长有话可说。② 活动的氛围要轻松、形式有趣,引起家长在宽松的氛围下有参与的积极性。③ 对于参与活动的家长表示鼓励和表扬,通过奖励机制来激发家长参与活动的热情。

问: 如何把家教沙龙中的内容有效辐射到家庭教育中?

答: ① 家教指导的内容要便于家长理解和操作,与幼儿的家庭、生活相结合,使家长能够在生活中实施和操作,能够具体落实。② 活动后,可以阶段性地与家长交流,让家长反馈家长沙龙后内容落实的效果,从而促使家长长期执行。

问: 家教沙龙的形式如何创新,紧跟时代潮流?

答: 活动的形式不是最重要的,重要的是家长能够通过活动真正受益。活动的形式由活动的内容所决定,能够达成活动目标的,推动活动内容有效开展,能够让家长接受和理解,以及能够让家长参与其中,形成共鸣的活动形式就是最适合的活动形式。不是新颖的形式就一定是好的活动形式,活动形式不应一味追求时髦,形式大于内容反而达不到活动的效果。

问：面对祖辈参加家教沙龙,如何能够引起他们的共鸣与重视?

答：① 选择的沟通内容是祖辈生活中会参与的、遇到过的,这样能够引起祖辈的关注和共鸣。比如,生活方面。② 沟通的方式要让祖辈能够听懂、能理解,这样能让祖辈把老师的指导转化为行动,从而达到指导的效果,比如,可以看一些视频,讲一些例子,少讲一些理论。

问：如何提高家长对家教沙龙的兴趣和热情?

答：① 家教指导的内容是家长迫切想要了解和关注的,对活动内容本身的需求是吸引家长参与家教指导活动的基础。② 家教指导的形式丰富、有趣、轻松,让家长在没有压力的状态下参与活动,从而提高家长的参与热情。③ 可以提供家长家教指导的内容菜单,让家长选择自己感兴趣的内容,选择式的活动内容也是调动家长参与活动积极性的有效方式。

六、网络互动

问：家长总是在晚上11点后来找老师聊孩子,怎么办?

答：先要了解这件事情的紧急程度：① 如果危及生命、传染病之类的要积极主动回应。② 如果是了解孩子的日常情况,第二天可以告知家长老师白天需要负责孩子一整天的活动,关注幼儿安全、学习各方面的问题,需要全身心地投入。11点以后老师可能已经休息。③ 建议教师把手机调整成静音或飞行模式,第二天回复家长。

问：老师在网络上发布孩子的照片,分享孩子的学习动态,但家长关注的点偏离老师发照片的目的,怎么办?

答：① 老师在拍照之前首先要关注细节。② 老师发照片的时候用文字说明意图。③ 在期初家长会上事先告知家长,教师的主要职责是关注、培养幼儿,比如,过于关注摄影质量、孩子的衣服有没有扣好之类的容易本末倒置。

问：老师在微信群中发通知，只有少数家长有回应，怎么办？

答：分清通知类型：① 如果只是告知类通知，可以直接发公告，不需家长回复。② 如果是重要通知，必须每个家庭都了解的可以请家长接龙回复："1. ××收到；2. ××收到；3. ××收到……"③ 如果是需要家长讨论的通知，可与家委会等较积极的家长私下沟通，请他们带动发言，形成良好的班风。④ 可与家长私下沟通，正确了解家长心理，有的家长会认为刷屏的"收到"等回复可能影响后看到消息的家长，总要回翻很久才能找老师的消息。

问：家长在班级群里发生争吵怎么办？

答：① 老师私下电话或私聊争吵的家长，告知其微信群的作用是便于老师与家长沟通交流，属于公共性的网络平台，请注意网络文明。② 告诉家长，作为幼儿的榜样发生矛盾应积极地理性解决，争吵不能实际解决问题；老师可以作为中间方进行调停，让争吵家长面对面和平解决。③ 事后，在班级群再发一次公告，说明班级群以沟通讨论育儿问题为主，有问题私下处理。

问：班级群中平时是否需要禁言，以发通知为主？

答：不一定非要禁言。班级群也可以是家长沟通幼儿问题的平台，需要老师时老师再出面。老师遇到幼儿各种问题，可分别给其家长私信交流幼儿生活、学习等方面，让家长对幼儿出现的问题及时关注，家园共同处理解决。

七、沟通技巧

问：一位家长认为老师故意不告知掌通家园（家园共育平台）有收费项目，也没有其他家长提出类似的情况。老师得知后解释掌通是不收费的，可是家长依旧不相信。

答：① 了解家长不信任的依据，比如请家长拉出费用支出单作为参考。② 可以请家委会、掌通工作人员共同沟通了解情况并参与解决。③告知家长平台收费的项目并非幼儿园的要求，请家长自愿选择使用。

问：家长拍了一张幼儿脸上有乌青块的照片来质问老师，老师回复："早上来园就有乌青块"，家长说乌青块是昨天回家就有了的，忘记问老师，老师该怎么做。

答：①安抚家长的情绪。②老师询问孩子乌青块是怎么发生的。孩子如果能说清楚事情经过，可以让孩子直接跟家长说明情况。如果事情是在幼儿园里发生的，老师要向家长表示歉意并关注伤势，避免再次发生；如果是在家里发生的，让家长先了解事情的真相，再与老师沟通。③感谢家长及时与老师沟通，主要了解家长的需求，最好是一对一地交流这件事情，建议面谈会更好。④老师早上第一眼看到幼儿时关注幼儿身上有无伤痕，做个有心人，避免家长询问时说不清楚。

问：孩子说谎，比如对着老师说饭菜好吃的孩子告诉家长："幼儿园饭菜不好吃，不想来上幼儿园。"家长误会怎么办？

答：首先，了解孩子是否真的喜欢幼儿园的饭菜，可以拍摄问答孩子的视频或孩子吃饭的视频向家长说明。然后，了解孩子真正不想来幼儿园的原因并做沟通疏导。

问：家长在家长群里一直说幼儿园不好，但不和老师沟通，怎么办？

答：①态度上主动一些。老师可以主动找家长谈一谈。②了解家长产生误会的原因是什么。③告知家长，有问题可以直接和老师沟通。

问：孩子在幼儿园里不和老师说"想大便"，但是回家和妈妈说，妈妈来质问老师，怎么办？

答：①老师要理解家长的心情，共情家长。②可以从孩子的角度分享给家长一些方法，鼓励孩子在幼儿园用简单的语言表达自己的想法，如"老师，我要大便"等。③家长要了解孩子的个体差异，有的孩子就是不习惯在幼儿园大便，因人而异，不要勉强。

问：孩子在幼儿园老是尿床,但家长说在家从来不尿床,认为老师故意不让孩子去小便,怎么办?

答：① 老师安抚家长的情绪。② 了解家长产生想法的依据是什么,了解孩子尿床的原因,是睡着了尿或醒着尿的,老师通过细致的观察和记录充分了解孩子后,才能和家长沟通时有理有据。③ 让家长关注孩子的个性,是否有跟老师提出要小便,会不会主动表达。

问：孩子在幼儿园不肯自己吃饭,老师不喂就哭,老师喂他一口再让其自己吃一口,但是家长对这个做法有意见,认为老师就应该喂孩子吃饭。

答：通过家长会或家长半日活动、家长接待日等,让家长了解幼儿园是培养孩子自理能力的,如果孩子需要帮忙,老师可以提供帮助,根据孩子的年龄特点指导家长在什么阶段就能让孩子独立做事情。从理论上给予家长专业的指导。

问：孩子家里内部有矛盾,妈妈和我说不要喂孩子吃饭,但是奶奶和我说一定要喂孩子吃饭,怎么办?

答：① 要告知家长家里的内部矛盾要靠家庭成员自身来解决。② 和家长沟通家园一致教育孩子的重要性,如果家庭主要带养人长期处于不一致的教育模式下,很容易造成孩子的伤害。③ 告知家长幼儿什么时候适合自己独立吃饭了,不少家长还是缺乏育儿专业知识的。

问：妈妈认为孩子哭闹就不要送幼儿园了;而奶奶认为哭闹是正常的,趁妈妈不在家把孩子偷偷送到幼儿园。妈妈发现后,来幼儿园和老师说:"孩子请过假又突然来了,老师应该和我反映",老师该怎么办?

答：① 老师要从专业的角度让妈妈了解孩子在这个时期产生哭闹的原因以及正确的处理方式。② 建议奶奶让妈妈知晓孩子送到幼儿园来了。避免产生误会。③ 建议妈妈思考和谁沟通更合适,能更好地解决问题。

问：保姆阿姨来接孩子,发现孩子 1 到 5 数不清就问了孩子在园表现,老师委婉地表达孩子数数方面需要再加强一下。保姆回家把这个事情告诉了奶奶,奶奶很生气让孩子反复练习。妈妈发现后,更生气地打电话指责老师为什么要把孩子的学习情况告诉保姆。老师该怎么做?

答：① 安抚妈妈的情绪,了解妈妈真正生气的原因,是奶奶的行为还是老师告知保姆孩子学习情况的行为。② 简单了解孩子的家庭情况,让妈妈明确教育孩子是父母的责任。③ 尝试与奶奶沟通,了解家庭中的教育观念,用科学的教育方式影响家庭理念。

附录二　不同对象家访内容参考表

家访对象	家访类型	家访内容
全体幼儿	老生幼儿家访	1. 了解幼儿假期作息安排、生活、学习、游戏等情况 2. 介绍升班后的幼儿发展目标和学习重点内容 3. 提出相应的家长配合要求 4. 征询家长对新学期班级工作及幼儿发展的希望和意见 5. 小班：注重了解生活自理情况 中大班：同伴交往；注重指导学习内容、学习习惯、幼小衔接准备等
全体幼儿	新生幼儿家访	1. 了解幼儿基本情况：性格特点、生活习惯、自理能力等 2. 了解家庭教育情况：家庭结构、家庭教养态度、对幼儿园的认可程度等 3. 入园前指导：培养独立用餐、如厕等生活自理能力 4. 征询家长对幼儿园的要求和希望，初步建立交流通道
全体幼儿	传染病患病幼儿家访	1. 了解生病幼儿病情恢复情况 2. 提醒家长减少外出、做好预防措施、随时观察幼儿身体状况 3. 提示可来园时间
个别幼儿	生病幼儿家访	1. 关心、了解幼儿病情和恢复情况 2. 提出对幼儿日常护理和膳食的合理化建议 3. 转达班级幼儿的问候(可赠送"小制作")

(续表)

家访对象	家访类型	家访内容
个别幼儿	体弱儿家访	（营养不良幼儿、肥胖幼儿） 1. 介绍该年龄段幼儿身体达标的标准，指出幼儿与正常指标的差距 2. 了解家庭饮食习惯，介绍幼儿在园的饮食状况，分析体弱原因 3. 指出产生的危害，提出家庭中合理膳食和适当运动的建议
	按需家访	针对突发事件的幼儿家访：如实描述事件发生的情况和处理方法，诚意表达歉意，争取家长的认同和谅解 针对情绪波动、行为偏差的幼儿家访：交流情绪或行为的表现及案例，分析造成此种情况的原因，了解家长的想法，共同探讨教育对策

附录三　孩子刚上小班,我该怎么办
——新、老生家长的问题互动与经验分享

一、背　　景

每年9月份是幼儿园新生入园的时间,由于生活环境的改变,不少孩子会产生入园焦虑、恐惧,每天哭闹着不愿上幼儿园,年轻的家长们也常常觉得束手无策。消除孩子的入园焦虑,使其尽快适应幼儿园的生活,成为家园双方共同探讨解决的问题。新教师在家长会中如何引领有经验的家长梳理有效的指导方法,让幼儿尽快适应幼儿园的生活?

二、实　　录

(一) 实录一

新生家长A:我们孩子的年龄和胆子都比较小,被欺负了也不还手,怎么办?

老生家长A:家长可以与小朋友交流和沟通,要查明原因,同时也要与小朋友的老师沟通,双管齐下,来规范孩子的良好行为,只要方法恰当,处理正确,宝宝受欺负的现象一定会消失的。孩子恐惧、内向、害羞、怕生、不喜欢与陌生人说话与多种因素有关。有的孩子生活范围很小,平时只生活在自己的家庭里,很少出去玩,接触外人少,依赖性较强,不能独立地适应环境,这样的孩子见生人就躲藏,如果到新的环境,适应比较慢。

老生家长B:家长还是要给予孩子机会多锻炼身体。在幼儿园里老师也会保证孩子运动、游戏和自由活动时间,相信在老师的悉心引导下,孩子会慢慢愿意跟身边的同伴一起玩起来、一起动起来的。另外,幼儿园里有很多的大小型的玩具和运动器械,孩子们都会非常感兴趣的,所以还是这句话,相信老师,也相信孩子的能力,家长们不要过分担忧。

(二)实录二

老师:在会议开始前,很多家长向老师反映,孩子在幼儿园不肯睡觉,吃饭也要老师一口一口喂,不愿意自己动手吃。作为新生幼儿的家长,你们肯定也发现了类似的问题,当你的孩子遇到这样的情况时,你会怎么办?

老生家长B:作息时间一定要在家里养成良好的习惯,固定时间睡觉,应该尽量按幼儿园的作息时间安排宝宝一日生活,宝宝会很快适应园内的生活。

老生家长C:养成习惯的准备有

(1)培养孩子独立吃饭。家长应鼓励孩子去试着自己吃饭,不必过分担心孩子会把饭洒得到处都是。当孩子初步学会自己吃饭后,成人就应该在一旁指导,鼓励孩子自己吃饭。

(2)孩子学会自己大小便。孩子入园前在家里一般是用坐便器大小便的,但幼儿园厕所除坐便器外还有蹲坑式的,孩子对此不习惯,所以家长可提早让幼儿在家模拟练习。孩子要学会上厕所。首先要解除他的紧张心理,告诉孩子,你已经长大了,能自己上厕所了。

(3)培养孩子自己穿脱衣服。每个孩子都有自己穿脱衣服的方法,只要孩子穿得快,穿得好,不必拘泥于一种模式。

(4)建立孩子的午睡习惯。在幼儿园的作息制度中有午睡,这是保证孩子有充足睡眠,利于孩子健康成长的措施之一。

老师:非常感谢两位老生家长的解答,相信通过今天的互动,我们新生家长的困惑和疑问也慢慢解开了。孩子能尽快适应幼儿园,健康快乐地成长也是我们在座所有人的心愿,我们也将用耐心和细心呵护我们的孩子,请各位家长放心。谢谢大家。

三、分　　析

　　本次家长会的形式不同于往常,教师的"一言堂"往往不能满足于家长自身教育问题的解决。尤其是对于小班的新生家长,他们本身对孩子的幼儿园的一日生活是非常关心和好奇的。

　　(一)家长们存在很多共性问题,教师可以事先做好调查

　　这次"引领型"家长会,家长们提出的很多问题都是大家普遍存在的问题,在问题得到解决的同时,也消除了大部分家长心里的疑惑和焦虑。教师在会议前和家长做一下问题调查,事先预设好本次家长会的主题内容,也可根据家长们现场提出的共性问题作讨论。

　　(二)经验分享更具可操作性,教师可以帮助家长共同梳理方法

　　老生家长的经验分享内容,大多是他们在陪伴幼儿生活和学习的过程中,慢慢归纳和总结出来的,大多存在很多理论和实践依据,他们梳理的方法对新生家长来说具有可操作性,能够帮助他们在生活中引导幼儿尽快地适应幼儿园生活。教师可以在此过程中帮助梳理切实可行的方法,反馈给有需要的家长。

附录四　家长开放日活动方案

班　级	大×班	教师	×××　×××	日期	
生活活动 个别化 学习活动 （7:30— 8:30）	生活活动内容： 自主盥洗、点心 个别化学习活动： 我的自画像，我的数字信息图，我的名片，影子游戏，有趣的肢体，我是机器人，你的手我的手等（菜场蔬菜多，种子的秘密）		指导要点： 1. 家长观察孩子是否能够自主盥洗和自主点心 2. 观察值日生是否认真工作 3. 孩子能否自主选择喜欢的活动内容，活动后能物归原处 4. 能与同伴合作，有合作意识		
运动活动 （8:30— 9:30）	活动名称：穿越"迷宫" 活动内容：竹梯＋凳子；垫子＋障碍物；轮胎＋其他等 活动目标： 1. 幼儿能否自主参与活动，对不同层次的运动玩法有兴趣 2. 参与挑战性的游戏，提高身体的协调性，并注意自我保护 集体游戏：迷宫接力赛 观察要点：是否愿意和他人合作参与游戏，有竞争意识		指导要点： 1. 家长观察孩子能否主动、自信地参与运动 2. 家长参与：亲子游戏，遵守游戏规则，安全、有序地进行游戏 3. 幼儿能否自主喝水休息，有自我服务意识 4. 家长鼓励孩子和同伴友好进行合作		

学习活动 (9:30—10:00)	学习活动一 活动名称：土豆的一家 活动目标： 1. 在土豆一家的游戏情景中，尝试进行默念，感知休止节奏 2. 能用语言、动作有节奏地大胆表现，体验节奏活动的快乐 学习活动二 活动名称：鲜亮的玫瑰 活动目标：尝试用同种色或相似色深浅的变化表示颜色明暗	指导要点： 1. 幼儿是否有好的学习习惯 2. 幼儿能否积极回答老师提出的问题，并能大胆表达表现 3. 家长参与：学习纵向比较自己的孩子，主动参与互动内容，调动幼儿积极性
表演游戏 (10:00—11:00)	活动名称：服装创意秀（废旧材料的利用）	指导要点： 幼儿能愉快、自信地在集体面前表演
家长半日开放活动反馈		

附录五　大×班家长半日开放活动观摩表(2016年第一学期)

活动时间安排：
7:30—8:30　　　班级个别化学习活动
8:30—9:30　　　升旗仪式、运动活动
9:30—10:00　　 学习活动(分组)
10:00—11:00　　亲子制作＋服装创意T台秀

【生活活动】
幼儿快乐来园。
★　家长关注
孩子能否自主盥洗(小便、洗手)。
【游戏活动】
活动内容：个别化学习活动
★　家长关注
1. 孩子能否自主盥洗(小便、洗手)。
2. 能与同伴合作,有合作意识。
【学习活动】
活动名称：土豆的一家
活动目标：
1. 在土豆一家的游戏情景中,尝试进行默念,感知休止节奏。
2. 能用语言、动作有节奏地大胆表现,体验节奏活动的快乐。
活动名称：鲜亮的玫瑰
活动目标：尝试用同种色或相似色深浅的变化表示颜色明暗。

★　家长关注

1. 孩子能否专注地倾听老师的要求，愿意跟着老师一同进行互动问答。

2. 家长参与：和孩子一同参与互动和游戏。

【运动活动】

活动要求：

1. 幼儿能够有序地选择自己喜欢的运动器械并合作整理运动器械。

2. 幼儿能够自主休息喝水，有自我服务意识。

★　家长关注

1. 孩子能否积极参与运动游戏，并及时穿脱衣物。

2. 家长参与：带着自己的孩子自由选择运动，遵守游戏规则，安全、有序地游戏。

【亲子服装创意秀】

★　家长关注

幼儿能否愉快、自信地在集体面前表演。

附录六 幼儿园亲子活动现状调查问卷(家长卷)

尊敬的各位家长:您好!首先感谢您参加本次的问卷调查。

为了让您孩子以后生活得更精彩,希望您在百忙之中抽出几分钟的时间填写问卷,请您放心如实填写。感谢您的大力支持!

一、选择题(没有特殊说明的是单选题)

1. 您的性别:

2. 你孩子所在班级:

3. 您的年龄:

4. 您的家庭经济情况(   )

   A. 好 B. 较好 C. 一般

5. 您目前从事的职业:

6. 您孩子的性格是:(   )

   A. 内向安静 B. 沉默寡言 C. 暴躁易怒 D. 其他(   )

7. 您家中与孩子互动最多的人是(   )

   A. 爸爸 B. 妈妈 C. 爷爷 D. 奶奶 E. 外公、外婆
   F. 其他(   )

8. 您孩子一般与家人一天的交谈时间是(   )

   A. 1小时 B. 1—2小时 C. 2—3小时 D. 3—5小时
   E. 5小时以上

9. 您觉得有必要参加亲子活动吗?(   )

   A. 有 B. 没有

10. 您孩子所在的幼儿园组织的亲子活动,您是不是都会参加?

(　　)

　　A. 经常　B. 偶尔　C. 从不参加

11. 您不参加幼儿园组织的亲子活动的原因有什么?(　　)

　　A. 工作事务繁忙

　　B. 每次内容差不多都一样,参不参加都一样

　　C. 对活动不感兴趣,浪费时间精力

　　D. 有其他突发意外事件

12. 您在参与亲子活动时心情是怎样的?(　　)

　　A. 积极　B. 一般　C. 不确定

13. 您孩子所在幼儿园组织的亲子活动一般多久举行一次?
(　　)

　　A. 半学期　B. 一学期　C. 一个月　D. 半个月

14. 您认为亲子活动的主体是谁?多选(　　)

　　A. 家长　B. 幼儿　C. 老师

15. 亲子活动前教师会对其活动内容及注意事项告知您吗?
(　　)

　　A. 会　B. 不会

16. 您觉得幼儿园的亲子活动对您和孩子有没有帮助?(　　)

　　A. 有帮助　B. 没有帮助

17. 您对幼儿园组织的亲子活动满意吗?(　　)

　　A. 满意　B. 不满意

18. 您觉得您和孩子参加过的亲子活动都存在什么问题?多选
(　　)

　　A. 活动中忽视个别幼儿

　　B. 活动设计中教师指导过多,幼儿与家长参与少

　　C. 活动中教师对幼儿与家长的指导缺乏广度与深度

　　D. 活动中忽视了幼儿与家长的互动

二、简答题

您对幼儿园的亲子活动有什么建议或意见?

附录七　亲子运动会活动方案

一、活动名称：　宝山区荷露　幼儿园亲子运动会

二、主旨：

增进和谐的亲子关系，培育活泼、健康、快乐、的现代儿童，创造幸福健康的社会。

三、目标：

宣扬增进儿童的运动机会及健康以达到全民运动之目的。

借亲子活动的举办，让家长与小朋友一起体验运动的乐趣，培养对运动的兴趣，增加对所在幼儿园之认同感。

借活泼生动的运动游戏以满足幼儿的表现欲望，促进身心健康发展。

借亲子活动的办理倡导家长教育，建立家长与子女间亲情和谐的桥梁。

四、主办单位：宝山区荷露幼儿园

五、执行协助单位：上海方童文化传播有限公司（方也哥哥工作室）

六、活动地点：宝山区顾村中心小学

七、活动日期：2016年5月28日上午（星期六）

八、参加对象：园所全体小朋友

每队幼儿30人，家长60名。

预计12队，小朋友及家长观众共计约1 200人。

九、活动特点和形式：

1. 家长和孩子参与度高，更好地促进亲子关系的融洽。

2. 游戏规则简单,材料简单,趣味性高,避免过于复杂造成安全隐患。

3. 活动中融入情感教育,注重孩子的感恩教育。

4. 活动形式简单,在主持人的带领下快乐地参与游戏。

幼儿律动大会操、大会舞。

亲子趣味竞赛、亲子游戏。(以运动竞赛游戏为内容)

亲子比一比游戏(以运动游戏器材变出无穷乐趣为内容)

十、活动实施:

1. 提交活动方案,幼儿园审核,并提交上级单位申报。

2. 确定活动场地,根据活动场地确定活动细节。

3. 5月上旬进行教师活动培训,明确分工和职责。

4. 活动前以班级为单位对家长进行宣传和指导,引导家长重视活动中孩子整体发展和安全。

附录八　荷露幼儿园重大活动安全预案

为了迅速、有序、高效地处理好幼儿外出活动期间可能出现的安全事故,提高应急处置能力,立足于事故发生后及时消除连带隐患,尽量减少人员伤亡及财产损失,保障在第一时间集中全部力量投入抢险救助,结合我园实际,特制定本预案。

一、安全预案使用范围
本预案适用于荷露幼儿园园内、园外大活动发生的安全事故现场。

二、工作职责
（一）应急处理指挥机构

岗位	姓名	职务	职责分工	联系方式
组长	马皓晶	园长	全面负责	略
副组长	陆文颖	工会主席	应急指挥	略
组员	沈春花	保健	安全护理	略
组员	杜春霞	保健	安全宣教	略
组员	虞芳	大教研组长	宣传、引导	略
组员	崔莹	大班教研组长	宣传、引导	略

(续表)

岗　位	姓　名	职　务	职责分工	联系方式
组员	胡　晨	中班教研组长	宣传、引导	略
组员	沈　敏	小班教研组长	宣传、引导	略

（二）活动监护

工作职责：组织活动方案及相应的安全措施，严格按预定方案组织实施各项活动。负责看护好孩子避免事故；如有事故发生要求及时安抚好学生；组织孩子有序撤离现场。

（三）现场抢救

工作职责：组织维持事故现场的秩序，组织稳定事故现场的事态，并根据事故的性质向公安、交警、消防、交通管理等部门紧急求救，使事故、灾情较快得以控制，受伤人员及时得到救治。组织人员救送伤员入院就医；随时掌握伤患人员治疗情况等。

（四）信息、善后处理

1. 负责事故相关信息的整理、报送；负责事故处理过程中信息的传阅、相关材料的记录、装档、留存；负责接待各类咨询、采访等。

2. 进入事故现场进行调查；查明事故原因、经过；查清事故责任及责任人；提出对责任班级及责任人员的处理方案等。安抚事故伤患人员情绪；接待听取伤患人员家属意见；依法研究提出事故善后解决办法等。

3. 如有重大事故，幼儿园应立即向教育局报告。

4. 及时与家长取得联系，做好家长的安抚解释工作。

5. 根据事故的性质，分清责任，同时追查责任，依据有关法律、政策、规章制度追究责任人的行政、刑事责任。

6. 预案启动后，各组组长因故不能参加应急救险，由该组成员按名单顺序递补负起组长职责；各组组长均有权抽调其他人员参与应急救险。

三、安全工作保障措施

（一）前期准备

1. 召开专项小组会议，明确责任，层层落实，责任到人，确保幼儿外出参观的安全。

2. 委派指定工作人员进行实地路线勘察，排除事故隐患，确保活动顺利进行。

3. 利用班级上课的形式对幼儿进行相关的安全教育。

4. 印发告家长书，请家长配合幼儿园对幼儿进行安全教育。

（二）活动过程要求

1. 按规定的路线有序组织幼儿和家长到指定点，班级老师签到及时点名，确保幼儿外出安全。

2. 如幼儿轻伤，可就地及时对症处理；如受伤严重，班级教师应迅速向应急小组组长汇报，在做好抢救工作的同时，及时拨打110、120，以最短时间将幼儿送往医院。

3. 如遇交通事故，及时拨打110、120，并稳定幼儿情绪，做好其余幼儿的疏散工作。

4. 活动结束后，班级教师必须清点好人数后才能让家长将孩子接走。

附录九 "欢欢喜喜闹元宵" 2021荷露幼儿园线上亲子课堂家长调查问卷

1. 你会经常和孩子一起过传统节日吗？（单选）

   A. 是   B. 不是   C. 偶尔   D. 经常

2. 幼儿通过此次元宵的一系列小活动，是否了解元宵节的历史渊源和风俗？（单选）

   A. 非常了解   B. 一般   C. 不了解

3. 你的孩子在本次元宵亲子课堂中了解到哪些习俗？（多选，幼儿自主回答，需要真实）

   A. 看花灯   B. 做灯笼   C. 猜灯谜   D. 吃元宵   E. 舞龙灯

   F. 收红包   G. 放鞭炮   H. 其他（请填写）

4. 你和孩子最喜欢本次元宵亲子课堂中的哪个部分？（多选）

   A. 亲子制作灯笼

   B. 元宵亲子运动小游戏

   C. 亲子猜灯谜

   D. 抖音"荷露宝宝闹元宵"话题

   E. 元宵绘本故事

   F. 搓汤圆

   G. 绘糖画

5. 本次元宵亲子课堂的优点？（多选）

   A. 新冠疫情期间也能够和孩子感受节日的快乐

   B. 每一位家庭成员都能了解幼儿园开展的活动

C. 便于家长在家也能够和孩子互动游戏

D. 抖音话题互动让幼儿大胆表现并分享节日快乐

E. 线上素材容易保存不丢失

F. 其他(请填写)

6. 你认为本次元宵亲子课堂使幼儿有何发展？（多选）

A. 帮助幼儿了解节日文化

B. 培养幼儿传承中华民族的优秀传统美德

C. 幼儿感受良好节日氛围,产生愉快的情感体验

D. 促进幼儿社会性情感发展

E. 只为完成幼儿园的活动任务

F. 学习中华民族的优秀传统文化知识

G. 增强民族自信感、自豪感

H. 没有任何发展

I. 其他(请填写)

7. 你最喜欢本次元宵亲子课堂的何种开展形式？（单选）

A. 园内传统习俗活动

B. 线上亲子课堂

C. 集体教学活动

D. 观看舞龙灯表演

E. 亲子猜灯谜

8. 你觉得还有哪些传统节日有必要在幼儿园开展活动？（多选）

A. 春节　B. 清明节　C. 端午节　D. 元旦　E. 中元节

F. 中秋节　G. 重阳节　H. 七夕节　I. 元宵节　J. 五一劳动节

K. 建军节　L. 其他(请填写)

9. 你是否满意本次幼儿园开展的元宵亲子课堂？说说你的想法或提出宝贵的建议？（讨论）

附录十 2021年度第一学期大×班家长工作计划与总结

| 情况分析 | 家长方面 | 一、优势
　　经过两年的相处,我们教师与家长之间都比较熟悉,大部分家长都能积极配合各项工作与活动的开展,并愿意提供自己力所能及的帮助。有几点优势值得继续保持并发扬。
1. 家园积极沟通:家长比较愿意和老师沟通。在我班的家长中,与老师沟通较多占96%、沟通一般占3%、沟通较少占1%,家长对幼儿园或者家庭中出现的问题或困惑都能和老师进行及时沟通,所以家园沟通渠道畅通
2. 活动主动配合:我班家长都能及时关注通知,比较按时地完成各项任务,如主题活动中的信息和材料的收集、疫情期间的各种报备登记工作。家长们基本都能较好地配合班级和幼儿园的活动和工作,愿意为班级和幼儿园的各项活动出谋划策,家长资源得到了比较充分的调动
二、弱势
　　由于生活方式和教育观念的差异,我班家长在教养方式上存在一些误区,有待进一步的家教指导。
1. 参与教育的家庭成员有待增加:我班大多数幼儿的教养者比较固定。如,有的孩子一直由祖辈抚养,父母虽然同住但很少参与教育;更多家庭中妈妈负责孩子大部分的生活学习,爸爸则较少过问。幼儿的家庭教育缺少比较全面的陪伴
2. 家委会的桥梁作用有待提高:一直以来,班级家委会都积极参与幼儿园的各项活动,积极配合老师的工作,但对于家长中出现的问题的解决能力,或在家长中的宣传、动员家长的能力还有待进一步的提高 |

（续表）

情况分析	家长方面	3. 个别家长教育理念有待改善：少数家长的教育观念存在一些误区，但比较坚持自己的观点，使得幼儿受到的家园教育不一致，需要通过家长分层沙龙、讲座指导、个别沟通等方式进一步交流
	幼儿方面	一、优势 1. 幼儿自我服务和服务同伴的能力较强。大部分幼儿能做到自己吃饭、穿脱衣服、整理玩具等。在此基础上，幼儿有初步的为集体服务的意识，喜欢做值日生：整理玩具、分发筷子、提醒同伴在洗手、喝水、漱口时排队、等待等 2. 幼儿的交往能力、语言表达能力比较好。在学习和游戏过程中敢于在老师或到集体面前大胆地表达自己的想法，具备解决小问题的能力；愿意与同伴和老师交流，能自然表达出自己的情感 3. 幼儿喜欢幼儿园的集体生活，出勤率高。大部分幼儿喜欢户外运动，积极参加各项体育活动，乐于参与各种集体性游戏活动，在大动作等方面发展较好 二、薄弱点 1. 幼儿的行为习惯和学习习惯有待提高。如：良好的倾听习惯，学习和游戏结束后物品的归置整齐等 2. 游戏的活动规则有待加强。幼儿在运动、游戏时遵守活动要求方面有待加强，活动中规则意识有待提高 3. 班级中有部分幼儿不爱吃蔬菜，或只吃单一食物，在后期需要改善孩子挑食、偏食的现象，鼓励孩子均衡饮食 三、个别差异 1. 谭楚烨的自控能力本学期将继续需要三位老师的关注和引导帮助 2. 秦沈嫒、龚敏珺、朱芸萱、陆宇承吃饭时存在含饭、挑食、偏食，需要加强家园沟通，纠正其进食习惯 3. 对班级里的轻度营养不良、肥胖、超重等体弱儿，将继续配合保健老师做好体弱儿的护理工作 4. 赵涵榕视力矫正，日常关注其用眼卫生

(续表)

学期具体目标	1. 根据疫情防控要求,持续做好每日幼儿健康监控工作,增强家长及幼儿的防护意识 2. 关注幼儿的家庭教育,利用多样的家教指导方式,指导家长尽可能做到保持家园教育的一致性,对家庭教育中的弱势进行个别化的指导 3. 合理利用班级家长资源,充分发挥家委会的带头作用,针对性指导家委会的桥梁作用,引导家委会动员更多以往参与度较低的家长参与到幼儿园、班级的活动中 4. 通过家长分层沙龙、讲座等形式,完善家长的教育观念,帮助家长了解大班幼儿年龄特点 5. 关注主题教学,发挥每位家长的主体性、教师的主导性,做好家园配合工作,开发家长资源,保证主题活动顺利开展
重点工作与特色指导	1. 持续做好家园配合,严格落实新冠肺炎疫情防控工作 2. 多渠道、多形式地针对本班薄弱方面开展家教活动 3. 充分运用"孩子通"APP和班级群做好家园沟通工作 4. 结合"五育"指导家长加强对幼儿行为习惯与学习品质的养成,并借助"孩子通"平台家园合作开展对幼儿发展的评价
具体内容与措施	9月 1. 新学期家访工作,制订家长工作计划,并召开家长会 2. 做好每日幼儿健康情况、返沪情况统计 3. 每月指导:新冠肺炎疫情防控 4. 庆"国庆"活动 5. 家长预约进班(德育) 10月 1. 家长共同收集材料,创设植物角 2. 通过家长沙龙指导家长了解大班幼儿的年龄特点 3. 每月指导:预防秋季传染病 4. 家长预约进班(智育) 11月 1. 线上家长接待日 2. 每月指导:育儿案例交流分享 3. 运用"孩子通"平台跟家长互动"园本主题月"活动 4. 家长预约进班(体育)

(续表)

具体内容与措施	12月 1. 参加迎新活动 2. 家长半日开放活动 3. 期末家长问卷调查 4. 家长预约进班(美育) 1月 1. 线上半日开放活动 2. 每月指导：假期安全教育 3. 家长预约进班(劳动) 措施： 1. 严格防控疫情：根据疫情防控要求，坚持做好每日幼儿体温检测，监控幼儿健康情况。指导家长提高健康卫生意识，关注同住人的出行及健康状况，重点培养幼儿在家卫生习惯，做好家庭防护 2. 召开期初家长会：与家长沟通幼儿近况及新学期活动内容，帮助家长了解大班年龄特点，做好幼小衔接的准备 3. 加强沟通互动：有效利用"孩子通"、家长群以及来离园交流等线上、线下渠道，关注幼儿家庭教育情况，反馈幼儿在园情况，了解家长的困惑需求，跟进幼儿的薄弱方面以及个别差异 4. 提高活动参与：结合以往情况，着重提高较少参与的家长的参与度。合理使用家长资源，为幼儿园活动献计献策 5. 发挥家委会作用：通过家委会沟通、协调家园关系，传递幼儿园信息，也帮助教师了解家长们的想法。进一步发挥家委会带头作用，动员家长志愿者共同参与幼儿园活动与教育 6. 丰富开放形式：以"家长预约进班""家长接待日""半日开放日活动"等形式，分专题有重点地组织家长来园亲身实地地了解幼儿在园的学习生活，做好活动后的互相交流，进行有针对性的探讨 7. 开展专题指导：根据本班的弱势及家长的困惑需求，有针对性地举办家长专题指导活动、家教讲座及分层沙龙活动，帮助家长学习家庭教育策略，完善家长的教育理念 8. 发放家长问卷：请家长对幼儿园各项工作提出自己的意见和建议，了解家长的想法

(续表)

小　结	虽然疫情还没有结束,但是在互联网畅行的时代,我们通过多种媒体的形式拉近家园彼此的距离,家长更是不限于时间空间,随时随地都能了解学校的最新动态和幼儿在园生活情况。这学期,在家长的热心帮助及支持下,班级工作得到顺利开展,结合本学期开展的家长工作情况,进行如下总结。 1. 通过网络平台和日常面对面交流做好家长工作,让家长随时了解幼儿在园情况和学校最新动态。为了使家长了解我们的工作,争取家长的理解与信任,借助"孩子通"平台让家长看到孩子的作品、孩子在园的情况,也看到了班级丰富多彩的活动,在家长们心中引起了共鸣,我们的工作得到了家长的理解和支持。班级里的重大活动如需家长配合的,我们都在"掌通家园"上通知家长,使家长了解各个活动的目的和任务。为了使家长能经常性地了解孩子在幼儿园的情况,我们还利用早晚接送的时间主动与每一位家长进行沟通。比如王珺熠、石葛毅在午睡时间经常会尿床,及时和家长沟通了解家庭中的教养情况,平时午睡中间提醒两位幼儿上厕所,进出午睡室帮忙穿好外套 2. 借助期初家长会,向家长介绍学期重点工作,进一步了解园本生命课程。家长会上我们向家长介绍了本学期目标,使他们了解本学期班级重点和学校大活动,并针对上学期家长反馈的一些问题开展讨论和指导方法。了解中班上学期幼儿应该处于什么发展水平,应该如何正确并客观地观察幼儿。利用上学期植物角幼儿观察表的幼儿自评和教师评价指南,让家长了解虽然幼儿园没有用直观的成绩来区分发展水平,但是我们采用专业、科学的指标去观察、评价幼儿。通过一些学校大活动和生命体验月让家长在一次次的活动中慢慢认识我园生命特色课程 3. 线上家教活动拉近家园彼此的距离。疫情原因,我们开展了线上家长开放活动,家长看到了自己孩子在各方面的表现与进步,同时也看到了别的孩子的优点,有助于家长帮助孩子找出差距与不足,找到继续教育引导的方向

(续表)

小　结	4. 家园合作促进幼儿全面发展。家长在教学材料方面提供了无私的帮助,促进我班各项工作的顺利开展。不管是孩子的活动材料还是教学中材料的提供,家长都给予了我们无私的奉献。有了家长这样热情的配合与支持,才使我们的工作得到更加顺利的开展 　　一个学期很快就过去了,幼儿的情况大部分都是不错的,很多幼儿都一改上半年对大人依赖的情况,能够和往常一样地学习、活动,特别是在教学活动中,幼儿的参与性非常好,而且有个别幼儿表现得非常积极活跃,让家长们又高兴又好笑。但幼儿的倾听习惯还需提高,下学期我们将通过亲子阅读、语言游戏的方式,让幼儿学会倾听,互学共进。希望下学期继续家园合作,拓展教育资源,让每个家庭都成为幼儿园的合作伙伴。为孩子的健康成长共同努力。

附录十一　家教指导案例:"孤独边缘"幼儿的成长点滴[*]

一、案例背景

国务院《特殊教育提升计划(2014—2016年)》中要求"各地要将残疾儿童学前教育纳入当地学前教育发展规划,列入国家学前教育重大项目。"《上海市特殊教育三年行动计划(2014—2016年)》也明确指出:"根据本地区残疾儿童的发生和分布情况,通过举办特殊幼儿园、在普通幼儿园开设学前特教班等多种方式,增设学前特教点。"我园积极响应,于2016年开设了露露班(特教班),满足附近地段内各类特殊幼儿接受早期教育和康复训练的需求。

我虽然是一名普通班的教师,但定期进入露露班参加志愿服务,也有指导特殊幼儿随班就读的经验,在和特殊幼儿的互动以及特教教师的交流中,让我对特殊幼儿的特点特性、帮助指导等方面多了一份关注,希望能在力所能及的范围下帮助更多存在特殊的幼儿。

二、问题描述

(一) 幼儿行为表现

我发现新小班开学近3周,几乎所有孩子都适应了幼儿园生活,能积极参与一日活动,唯独洋洋显得格格不入,不管眼神、语言、肢体都不愿意主动和他人接触交流。

上课时,其他孩子一直面对着老师或同伴积极参与、互动,而洋

---

[*] 本文系上海市优秀家庭教育指导者案例,作者金唯。

洋总是一个人侧着身体、看着没人的方向,对老师、同伴的语言或肢体动作很少有回应。运动时,洋洋不管是在升旗、做操,还是热身、运动,他总想独自冲到大型玩具中最钟爱的那个滑滑梯来回滑,完全不顾自己班级的运动场地在哪里,因此,每次运动总需要一位老师单独陪在他身边。游戏时,洋洋一碰到其他孩子靠近就会后退、避让,独自一人拿着家里带来的汽车玩具沿着桌脚桌面反复地开,偶尔被其他孩子拿走了汽车玩具,他也只是看了会儿人家手中的汽车玩具,默不作声地看向其他地方。吃饭时,洋洋从来都是坐在位子上,等待着老师去喂。自由活动时,洋洋总是立马跑进卧室,鞋也不脱直接顺着台阶爬到自己床铺上方的床玩,被老师制止时,他会不停地前后晃动身体表示不满。

(二)师幼交流情况

我:"洋洋,你喜欢这里吗?"

洋洋侧着头,眼睛看向斜上方:"不知道。"

我:"你喜欢上幼儿园吗?"

洋洋:"不喜欢。"

我:"那喜欢我们班的小朋友吗?"

洋洋:"不喜欢。"

我:"为什么不喜欢他们呢?"

洋洋:"他们抢我的小汽车,不喜欢我。我不喜欢他们。"

我:"那么小艺呢?她可喜欢你了。"

洋洋:"小艺拉我,我不喜欢。"

我:"小艺是把你当小弟弟,她像妈妈一样照顾你、陪你玩。你不喜欢吗?"

洋洋默不吭声。

三、原因分析

从洋洋在班级里的行为表现、与我的沟通交流中能发现他与同伴和教师之间正面的交流和互动很少,班级参与度低,像是以旁观者的身份、被动消极的状态对待幼儿园生活,从他身上我看到特殊幼儿中"孤独症"幼儿的某些特征,也许只是处在临界状态。这样的发现,让我感觉对洋洋需要特别的引导,对其他孩子与洋洋的相处需要加倍的关注;同时,应该和洋洋的家长更加深入沟通,于是,我和搭班老师又一次走进了洋洋家。

(一)幼儿交往"消极"

1. 洋洋的交往态度消极,交流处于被动地位

可能因为同伴拿走他的玩具以及老师制止他某些行为的经历让他认为大家不喜欢他,使他在社会交往中的情感是紧张、委屈等的消极体验,作出类似拒绝的回应。究其原因,是他缺乏社会交往认知和技巧所致,还可能是初次进入集体生活的他不确定朋友是什么、老师是什么。

首先,当同伴想要尝试靠近他、和他共同游戏时,他要么完全沉浸在自己的世界里,自己看自己的或玩自己的,要么表现出来的语言非常简短被动,动作也是躲闪回避的,这都表示出他对同伴的交往意愿缺少正面的积极反应,导致其他孩子对他的接纳程度较低,被大家从潜在的游戏伙伴中排除,随着时间推移,这样的现象会越来越固定,会让他出现孤独的感觉。其次,当老师制止他独自滑滑梯和爬高低铺时,他不能准确掌握老师出于安全考虑的意图,认为老师不喜欢他。

然而,孩子都有交往的需要,独自滑滑梯、爬高低铺或许是洋洋感到孤独之后另类的"求关注"方式。

2. 同伴的接纳态度消极,缺少对洋洋的包容

大部分孩子可能因为洋洋的某些"不良"行为对他贴上"违规者"或"破坏者"的标签,让他们不愿意接纳洋洋,不愿意主动与他交往。哪怕老师要求他们多与洋洋交往,多多照顾包容洋洋,但孩子对同伴的选择通常是自由的,整体的交往秩序性、规则性偏弱,在这样自由的空间内,他们极有可能与老师的交往要求形成鲜明对比,且不会被老师发现或训斥。如果放任到中班,大部分孩子都会找到自己的小

圈子,心里也很明确自己要和谁一起玩,"小圈子"的特征一目了然。长期如此,会更加剧洋洋的孤独感。

(二)家长态度"无为"

两次家访中,我们发现洋洋的主要领养人——妈妈和奶奶,她们对于洋洋不愿意与我们进行语言或肢体交流的表现反应得稀疏平常。交流中,她们似乎认为洋洋还小,对"朋友"和"老师"的概念相对懵懂,没有必要强迫洋洋一定要和老师或者同伴进行交往,她们对洋洋的社会交往持"无为"的态度。仔细分析,妈妈和奶奶的教养方式和态度还稍有不同。

1. 妈妈不愿正视交往问题,更注重孩子智力培养

第一次家访,洋洋和我们两位老师毫无语言交流;第二次家访,妈妈也没有让洋洋坐在我们身边一起交流,洋洋和奶奶而是在另一边玩起了"人体滑滑梯"的游戏。当我们提及洋洋在园一些不大合群的表现时,妈妈将其归结为了孩子年龄小贪玩、性格胆小内向、周围又没有适龄同伴的缘故;当我们非常委婉地提出洋洋可能处在"孤独边缘"时,妈妈的态度很复杂,一会儿直接否定,一会儿又闪烁其词,并不愿意直面洋洋在社会交往方面可能存在的薄弱。

妈妈表示自己一直很重视对洋洋的培养,让他"表演"从1数到100;妈妈又骄傲地告诉我们孩子的记忆力非常好,认识了很多汉字,还能根据学号把班上所有孩子的名字说出来。在洋洋展示这些本领的时候,我似乎从他的眼神中看到了从未有过的自信,从妈妈的眼神中看到了骄傲的亮光。

2. 奶奶过度顺从溺爱,忽视孩子自我服务和社会认知的培养

在两次家访中不难发现,奶奶对洋洋的生活全都包揽上身,上至穿衣吃饭、下至如厕睡觉全盘包办,导致孩子过分依赖,缺乏独立性。第二次家访中,奶奶一遍又一遍地陪着洋洋玩"人体滑滑梯",当我们提出奶奶年纪大没力气可以休息时,她立马否定继续陪洋洋反复玩;当洋洋把玩具汽车从她的脚开到头上时,奶奶也完全不生气或制止洋洋的行为。仿佛奶奶对洋洋的一切要求全都采取顺从态度,只想

让孩子高兴。殊不知,这样做的后果可能反而促使洋洋自我服务和社会认知缺失,甚至出现异常行为表现。

四、对策措施
(一)试着让家长做一些改变
1. 妈妈——正确面对,科学指导
唯有家长最了解自己的孩子,我们鼓励洋洋的家长,特别是妈妈摆正心态,勇敢面对洋洋社会交往认知和技能缺失的这一现象,和洋洋进行和谐有效的亲子沟通,学会处理洋洋的情绪或行为问题;我们和洋洋家长一起积极寻找科学的指导方法共同制定合理的、阶梯式的发展洋洋社会能力的阶段计划和奋斗目标,才能更好地帮助洋洋摆脱"孤独边缘"。

第一阶段目标——掌握技能:指导洋洋了解和掌握一些简单的社会交往语言,如:自我介绍、打招呼等;

第二阶段目标——正视困难:引导洋洋与人交往时尝试眼神和肢体的互动;

第三阶段目标——愿意融入:鼓励洋洋在面对熟悉的同伴对其发出交往意愿时能够作出较为积极的反应,如愿意与同伴一起游运动等。

第四阶段目标——主动交往:鼓励洋洋尝试主动对熟悉的同伴发出交往意愿。

2. 奶奶——适度放手,培养独立
孩子建立的舒适圈越强,越不利于社会交往的开展,我们建议家长,特别是奶奶不要过分关心和溺爱洋洋,指导奶奶横向观察同龄幼儿的生活自理水平,减少对洋洋的百般保护,从生活小事着手培养洋洋的独立能力。同时提醒奶奶,在改变教养方式的时候也要循序渐进,帮助奶奶制定阶梯式的培养目标。

3. 家长——保持心态,静待花开
"螺旋式上升"是孩子最自然的认知方式和成长方式。我们用科学的理念指导洋洋家长用积极的心态看待孩子在社会交往、自我服务能力上的小停滞、小退步,这些都是对家长、对老师的考验,需要大家有足够的信心、耐心和恒心。我经常对妈妈和奶奶说这样一句话——"没关系,孩子在我们看不见的地方成长呢!"当我们给洋洋充足的养分和空间,剩下的就是安心地静待他的成长。

(二)试着给洋洋一些支持

1. 一些标准

洋洋由于社会交往认知和技巧的缺失导致被常人误解的行为时,我和搭班老师经过商量之后,尝试给他一些标准。

当洋洋再次不管不顾直冲滑滑梯时,我选择利用明确的语言和生动的表情传递给他我的情绪,我捧着他的脸,尽量让他和我对视,语气严肃:"现在不行! 这里不是我们今天的运动场地""一个人离开有危险",当他发脾气前后晃动身体时,我坚定地抱着他。在我和搭班老师一个星期的坚持下,他终于明白要跟着班级一起到相应的运动场地,不能随便离开班级的范围。为了表扬他的进步,我们会在运动结束前给他一小段时间让他自由地在喜欢的滑滑梯上玩耍。在和我们的相处中他明白了随意的离开班级是不被允许的、不安全的。

作为"孤独边缘"的幼儿,我们教师给他们建立一些正确的行为标准很重要,能帮助修正一些异常行为,减少融入同伴间社会交往的障碍。

2. 一些肯定

洋洋相较其他幼儿可能更加容易感到挫败和孤独,让洋洋获得成功、被大家肯定的体验也是一个不错的办法。不仅能让他增强信心,提高学习与发展的动力,还能提升他在班级中的社会地位,加强他对集体的认同感。

我们发现,洋洋确实对数字比较敏感,虽然平时眼神不与其他孩子交流,但似乎偷偷对同伴进行了观察。虽然才小班第一个月,但是他对所有孩子的学号和名字全都了熟于心,这是很多孩子都做不到的。因此,在每天的点名环节,我邀请洋洋担任点名小助手,让他站到我的身边,在同伴报出学号之后大声说出相应孩子的名字。刚开始他的声音很小、很胆怯,"洋洋,你可以的!加油!"成了我们老师和孩子对他经常的鼓励。慢慢地,他能勇敢大声地喊出孩子名字,眼神也开始望向相应的孩子身上;班级其他孩子在我们的引导下,也开始称赞和夸奖洋洋,游戏时也有孩子会对洋洋发出邀请。另外,我们发现洋洋对音乐节奏也小有优势,这也成了他获得肯定体验的一个途径。

（三）试着在班级设计一些课程

想要提高洋洋与同龄幼儿的社会交往,离不开班级其他幼儿同伴交往技能的提高和对洋洋的接纳程度的提高。我们尝试在班级开展不同形式的情感教育课程,提高普通幼儿对洋洋的接纳态度,增加彼此的同伴交往。

1. 共情课程——鼓励接纳

我将重点放在改变全体幼儿及其家庭对特殊同伴的态度和感知上。通过亲子阅读正向的关于孤独症幼儿的真实故事和欣赏孤独症的画作,引导全体幼儿讨论关于孤独症的相关内容等,观看孤独症正面的影像资料,提高全体幼儿对洋洋的接纳情感和包容程度,帮助洋洋成为班级一员。

2. 体验课程——包容合作

在"不同的我"系列课程中,设计"优点轰炸、自我介绍"的体验板块,以此引发全体幼儿欣赏自我的同时,发现他人优点、包容他人缺点;提供"同伴画像、分享礼物"的体验机会,促进幼儿与同伴的合作分享。

五、经验反思

（一）对幼儿:特别关爱　公平对待

我们应该以一种包容的态度,为洋洋营造爱的氛围,帮助他这样有着特殊需要的幼儿适应和回归正常的社会生活,获得与其他幼儿一样的教育机会。

（二）对家长：换位思考　专业指导

最初与洋洋家长交流的时候，我们感觉到她们或多或少对洋洋在我们口中"孤独边缘"的描述和幼儿表现有些抗拒和不愿面对，这时我们要懂得换位思考和倾听理解，不能以"教育权威"自居，一味讲述自己认为的大道理。这样的交流是家长不能接受和不愿理解的。面对洋洋这类有点特别的幼儿，我们要从专业的角度向家长解释教育指导的目的和方法，体现自身的专业性，获得家长的认同理解与支持配合。

（三）对自己：不断学习　耐心陪伴

越来越多的幼儿表现出不同的个性特征和发展需求，对我们来说是非常有挑战性的。因此，我要及时补充理论，尝试对幼儿各种行为找到对应的理论支撑，以更准确的方法去施教。不断学习，才能让幼儿得到更好的成长；不断学习，才能够让家长得到更好的指导。另外，对于"孤独边缘"幼儿，我们老师要做好长期"拉锯战"的准备，只有耐心陪伴，通过陪伴在洋洋的身边，不断使用语言、眼神、肢体的密切交流，使他感受到来自我们的善意和关爱，从而建立起亲密的关系，让我们的引导变得更加有效，最终融入整个班级大家庭。

图书在版编目(CIP)数据

对话家长：幼儿教师一定要知道的事 / 金唯主编
.—上海：上海社会科学院出版社，2023
 ISBN 978 - 7 - 5520 - 4005 - 0

Ⅰ.①对… Ⅱ.①金… Ⅲ.①幼儿园—家长工作(教育) Ⅳ.①G616

中国版本图书馆 CIP 数据核字(2022)第 213953 号

对话家长：幼儿教师一定要知道的事

主　　编：金　唯
责任编辑：杜颖颖
封面设计：杨晨安
出版发行：上海社会科学院出版社
　　　　　上海顺昌路 622 号　邮编 200025
　　　　　电话总机 021 - 63315947　销售热线 021 - 53063735
　　　　　http://www.sassp.cn　E-mail:sassp@sassp.cn
排　　版：南京展望文化发展有限公司
印　　刷：上海万卷印刷股份有限公司
开　　本：890 毫米×1240 毫米　1/32
印　　张：4.5
字　　数：120 千
版　　次：2023 年 4 月第 1 版　2023 年 4 月第 1 次印刷

ISBN 978 - 7 - 5520 - 4005 - 0/G · 1217　　　定价：29.80 元

版权所有　翻印必究